미래 에너지로 지구를 구한다면

# 미래 에너지로 지구를 구한다면

20
지식
+
진로

박순혜
이효정 지음

수소전지부터 인공태양까지 기후위기 시대의 과학

자연과학

에너지

공학

사회과학

물리학

지구과학

화학

환경과학

기계공학

건축공학

전기공학

에너지공학

시스템공학

화학공학

경제학

정책학

설계·개발

- 에너지공학 기술자
- 지열 시스템 개발자
- 해양에너지 기술자

연구

- 바이오에너지 연구원
- 연료청정화 연구원

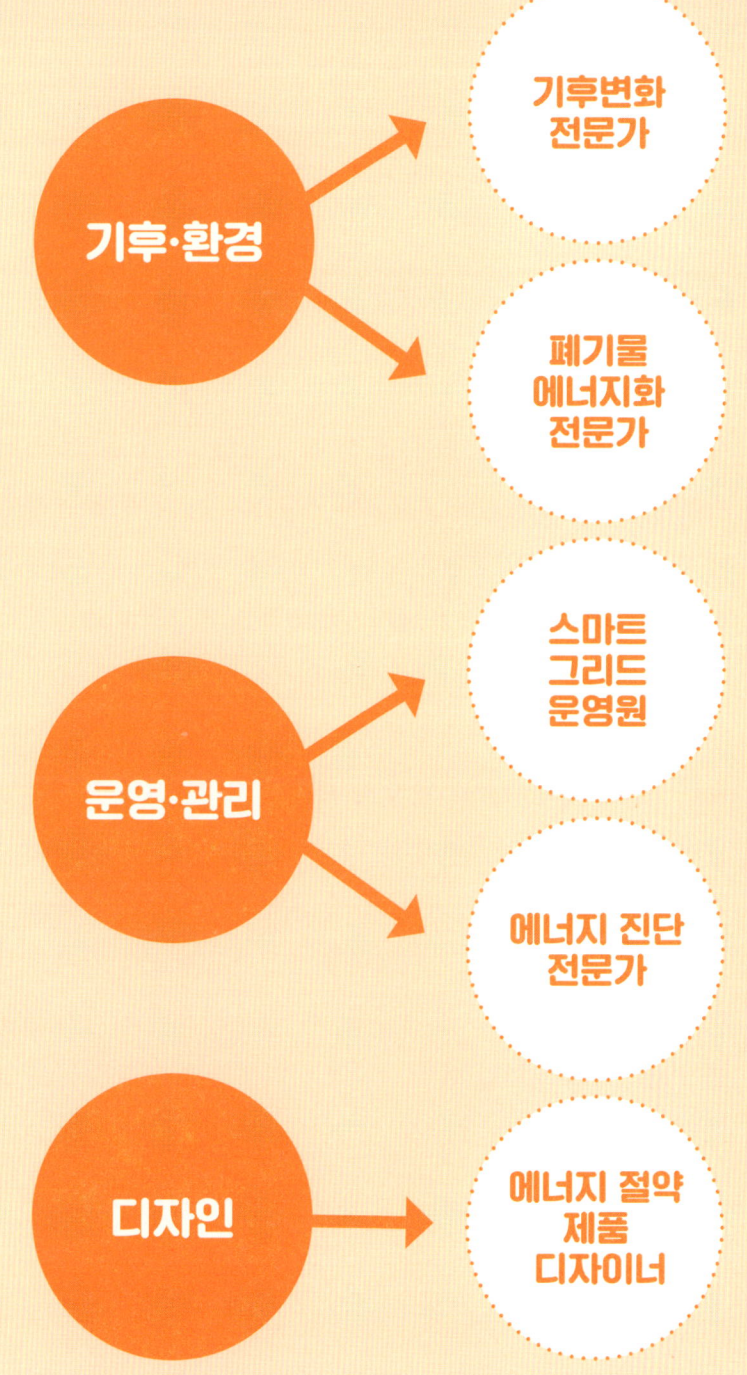

들어가며

## 에너지, 우리 모두의 이야기

여러분은 영화 〈인터스텔라〉를 본 적이 있나요? 그 영화에서는 미래의 지구에서 자원이 고갈되어 인류가 더는 살 수 없는 환경에 내몰립니다. 주인공들은 인류의 생존을 위해 머나먼 우주를 탐사하며 관객에게 중요한 메시지를 전하죠. 지구의 미래는 우리가 지금 어떤 선택을 하느냐에 달려 있다는 것입니다.

사실 영화 속 이야기는 결코 먼 미래의 상상이 아닙니다. 이미 우리는 자원 고갈과 기후변화 등 다양한 환경문제에 직면해 있습니다. 그리고 이 문제의 중심에는 '에너지'가 있습니다.

에너지는 우리 삶의 모든 순간에 함께합니다. 아침에 눈을 뜨고 불을 켜는 순간부터, 스마트폰을 충전하고 학교에 가기 위해 버스를 타는 일상 속 모든 과정에 에너지가 필요하죠. 하지만 우리가 당연하게 누리는 이 에너지가 어디에서, 어떻게 오는지 알고 있나요? 그리고 앞으로도 지금처럼 계속 쓸 수 있을지 의문을 품어 본 적이 있나요? 지금도 지구 곳곳에서는 에너지를 둘러싼 수많은 갈등이 벌어지고 있습니다. 공장에서 나오는 온실가스는 지구의 온도를 높여 자연재해를 불러오고 있죠. 이런 현실 속에서 태양과 바람, 물처럼 자연에서 얻는 재생에너지는 우리에게 새로운 희망으로 떠오르고 있습니다.

이 책을 쓰게 된 가장 큰 이유는 청소년들이 에너지 문제를 조금 더 가깝고 흥미롭게 느꼈으면 하는 바람 때문입니다. 에너지는 과학 공식이나 시험 문제로만 존재하는 것이 아닙니다. 우리가 현재 살아가는 세상, 그리고 앞으로 살아갈 미래와 아주 깊은 관련이 있죠. 여러분이 이 책을 통해 에너지의 본질을 이해하고, 지금 우리가 처한 상황을 올바르게 인식하길 진심으로 바랍니다.

이 책에는 수소전지, 인공태양, 해상 풍력, 바이오에너지 등 다양한 미래 에너지의 원리와 가능성을 담았습니다. 더 나아가 에너지가 우리 사회와 환경, 그리고 여러분의 삶에 어떤 영향을 미치는지 함께 생각해 보고자 했어요. 에너지공학 기술자, 연료청정화 연구원, 기후변화 전문가 등 에너지를 연구하고 개발하는 다양한 직업도 소개했습니다. 여러분이 앞으로 진로를 고민할 때 참고할 수 있는 정보를 가득 담았답니다. 혹시 "나는 과학을 잘 못하는데, 이런 분야는 나와 상관없지 않을까?"라고 생각하나요? 에너지 문제는 과학뿐 아니라 경제, 사회, 심지어 예술과도 연결되어 있답니다. 여러분의 다양한 관심과 재능이 지구를 지키는 데 큰 힘이 될 수 있어요.

이 책을 읽을 때 지식을 외우려고 하기보다는 '왜?'라는 질문을 던져 보세요. "왜 우리는 에너지를 절약해야 할까?" "왜 화석연료 대신 재생에너지가 필요할까?" "내가 환경을 위해 할 수 있는 일은 무엇일까?" 이런 질문을 스스로 던지며 읽다 보면, 어느새 자신만의 생각과 꿈이 자라나 있을 거예요.

인도의 독립운동가 마하트마 간디는 "세상에서 보고 싶은 변화가 있다면, 당신 스스로 그 변화가 되어라"라는 유명한 말을 남겼습니다. 누군가가 세상을 바꾸기를 기대하기보다 내가 행동에 나서야 세상이 달라진다는 뜻을 담고 있습니다. 여러분 한 사람, 한 사람의 생각과 행동이 모여 더 나은 사회를 만듭니다. 이 책이 여러분의 꿈과 미래를 찾는 여정에 작은 등불이 되기를 바랍니다.

# 차례

## 1장 에너지, 어디까지 알고 있니

## 2장 미래 히어로, 신재생에너지

# 3장 기후위기 시대, 에너지가 답이야!

# 4장 인공지능 시대의 똑똑한 에너지

# 1장

에너지,
어디까지
알고 있니

에너지는 현대 사회와 우리 일상을 지탱하는
근본적인 원동력입니다. 그런 에너지를 어떻게 쓸지는
우리 모두의 선택이자 책임입니다.

# 에너지는 지금도 우리 곁에 있어

우리는 매일 아침 스마트폰 알람으로 눈을 뜨고, 따뜻한 물로 샤워를 하며, 버스를 타고 학교나 직장으로 향합니다. 우리는 이 모든 과정에 익숙해져 있지만 그 중심에는 '에너지'라는 이름의 보이지 않는 실체가 존재합니다. 에너지는 미치 투명한 실처럼 세상을 연결하고 생명을 움직이며, 문명을 작동시킵니다.

하지만 과연 우리는 에너지를 얼마나 알고 있을까요? 그저 전기나 연료 정도로 생각하고 있지는 않나요? 이제부터 에너지의 진짜 얼굴을 들여다볼 시간입니다.

에너지energy라는 말은 그리스어 에네르게이아ἐνέργεια에서 왔다고 합니다. '활동'이나 '작용'을 뜻하는 이 그리스어 단어는 고대 철학자 아리스토텔레스가 처음 사용했습니다. 시간이 흘러 라틴어 '에네르기아'가 되었다가 오늘날에는 에너지라는 단어로 자리 잡았어요. 물리학이나 공학 이야기가 아니어도 일상 대화 속에서 빠지지 않는 단어가 되었죠. 에너지의 역할은 단순히 '일을 할 수 있는 능력'이라는 물리학적 정의만으로 설명할 수 없습니다. 우리 삶과 사회를 지탱하는 힘이니까요. 에너지는 우리 곁에서 늘 형태를 바꾸며 흐르고, 그 흐름 속에서 세상은 움직입니다.

## 우주는 커다란 에너지 공장

에너지는 우주를 이루는 가장 근본적인 요소입니다. 우주가 생겨난 순간부터, 즉 빅뱅이 일어난 직후부터 시공간과 함께 탄생했으니까요. 우주가 팽창하자 뜨겁고 밀도 높았던 초기의 에너지는 점차 식어 여러 형태로 나뉘었어요. 물질과 반물질, 빛, 그리고 중력을 비롯한 다양한 힘이 등장하게 된 것이죠. 우리 은하, 태양계, 그리고 지구의 모든 에너지는 빅뱅에서 처음 나온 것입니다.

우주의 별은 거대한 에너지 발전소입니다. 별 내부에서는 원자핵들이 부딪히며 서로 합쳐져 더 무거운 원자핵이 되는 핵융합 반응이 일어나요. 이때 가벼운 원소가 무거운 원소로 바뀌면서 엄청난 양의 에너지가 뿜어져 나옵니다. 이 에너지는 빛과 열의 형태로 우주 공간에 퍼져 나가며 행성이나 다른 천체에 영향을 미칩니다. 행성들이 별의 중력에 이끌려 궤도를 도는 것도 에너지가 있어 가능한 움직임입니다. 중력에 의한 위치에너지와 운동에너지가 상호작용한 결과이죠. 지구가 태양의 중력에 끌려가면서도 운동에너지 덕분에 궤도를 유지하는 것처럼 말입니다.

우주의 모든 움직임과 변화는 에너지의 흐름과 전환으로 설명할 수 있습니다. 거대한 별이 수명을 다하면 폭발하는데, 이때 엄청난 양의 에너지가 우주 공간으로 나오며 새로운 별과 행성의 재료가 됩니다. 중력이 엄청나게 강한 블랙홀 주변으로 물질이 빨려 들어가면, 중력 에너지는 뜨거운 방사선으로 바뀝니다. 우주 전체가 팽창하면서 에너지도 점점 더 넓게 퍼지고, 우주의 평균 온도는 낮아집니다.

태양은 지구에 끊임없이 에너지를 공급하는 별입니다. 우리가 사는 지구의 에너지원은 거의 다 태양에서 나와요. 자연에서 직접 얻을 수 있는 에너지에는 태양에너지가 무려 99.985퍼센트를 차지하며, 땅속의 에너지는 0.013퍼센트, 바닷물이 만드는 조력에너지는 0.002퍼센트라고 합니다.

우리가 매일 만나는 태양은 매초 약 6억 톤의 수소를 헬륨으로 바꾸며 에너지를 방출합니다. 이 덕분에 지구는 온기와 생명을 유지하죠. 태양이 만드는 에너지는 식물의 광합성을 가능하게 하고, 우리가 마실 산소를 만들어 줍니다. 태양 역시 커다란 에너지 공장인 셈입니다. 식물은 햇빛으로 광합성을 해서 양분을 만들고, 동물은 식물이 만든 양분을 먹습니다. 동물은 양분을 섭취해 얻은 에너지를 인간에게 전달합니다. 우리 식탁에 오르는 음식들이 비롯한 곳을 거슬러 올라가면, 그 끝에는 태양이 있습니다. 그러니 우리는 매일 태양을 먹고 살아가는 셈입니다.

## 변신 로봇 같은 에너지

에너지는 한 가지 모습만 있는 게 아닙니다. 운동에너지에서 화학에너지, 전기에너지까지 다양한 이름과 형태로 우리 곁에 있습니다. 마치 변신 로봇처럼 모습을 바꾸어 가면서요.

에너지는 우리 일상 곳곳에서 끊임없이 변신하며 세상을 움직입니다. 예를 들어 댐은 물과 바람을 전기에너지를 바꾸어요. 바람은 공기의 운동에너지, 댐의 물은 위치에너지를 품고 있다가 댐의 문이 열리면 전기에너지로 변신합니다. 휴대폰 알림 소리는 배터리의 화학에너지가 전기에너지로 바뀐 결과물입니다. 짧은 시간 동안 전기에너지가 진동과 음향으로 바뀌어 우리의 귀를 자극하는 놀라운 에너지 전환이 일어나는 것이죠. 토스터는 전기에너지를 열에너지로 바꾸어 바삭한 식빵을 완성합니다.

생명체는 에너지 없이는 존재할 수 없습니다. 아침에 먹은 바나나 1개에는 약 100킬로칼로리의 에너지가 들어 있어 우리가 움직이는 데 보탬이 되죠. 음식물 속 영양소는 인간의 몸에서 소화 과정을 거쳐 아데노신삼인산이라는 분자로 바뀝니다. 이 분자는 세포 안에서 '에너지 화폐'처럼 작용하며, 신체의 모든 기능을 수행하는 데 활용됩니다. 우리가 음식을 먹고 소화하는 일은 모두 '에

| 에너지 형태 | 예시 |
| --- | --- |
| 운동에너지 | 달리는 자동차, 흐르는 강물 |
| 위치에너지 | 높은 곳에 있는 물체 |
| 열에너지 | 끓는 물, 난방기 |
| 전기에너지 | 스마트폰, 전등 |
| 화학에너지 | 음식, 배터리 |
| 핵에너지 | 원자력 발전, 태양의 핵융합 |
| 빛에너지 | 햇빛, 레이저 |
| 소리에너지 | 음악, 말소리 |

다양한 에너지의 예시

너지를 소비함으로써 생명을 유지하는 과정'이라 할 수 있답니다.

자전거를 탈 때는 음식으로 얻은 화학에너지가 몸과 자전거 바퀴를 움직이는 운동에너지로 바뀝니다. 자동차는 연료의 화학에너지를 운동에너지와 열에너지로 바꿔 달립니다. 즉 에너지는 우리가 하는 모든 활동의 기반인 것입니다.

### 에너지는 사라지지 않는다

세상을 움직이는 마법과도 같은 에너지의 본질을 이해하는 데 가장 중요한 개념은 바로 '에너지 보존 법칙'입니다. 이 법칙은 다음과 같은 한 줄로 요약할 수 있습니다.

에너지는 새로 만들어지거나 사라지지 않고, 단지 형태만 바뀔 뿐이다.

**고립계**

외부와 상호작용을 하지 않는 물리적인 공간으로, 반대 개념으로는 '열린계'가 있습니다. 에너지와 질량은 고립계 밖으로 나갈 수도 없고 밖에서 새로 들어올 수도 없어요. 따라서 고립계 안에서 에너지와 질량의 총합은 항상 그대로입니다.

이는 물리학의 기본 법칙 중 하나로, 고립계에서 에너지의 총량은 항상 일정하게 유지된다는 뜻입니다. 예를 들어 자동차가 달릴 때 연료의 화학에너지는 운동에너지로 바뀌고, 일부는 열로 손실되지만 전체 에너지의 총합은 변하지 않습니다. 또 전기에너지를 사용해 TV를 켜면 소리나 빛, 열과 같은 다른 형태로 바뀌죠. 그러나 형태만 달라질 뿐 전체 에너지의 양은 같습니다.

이 법칙은 에너지가 어떻게 생기고, 어떻게 바뀌는지를 설명하는 가장 기본적인 원리입니다. 태양에서 일어나는 핵융합처럼 엄청난 에너지가 만들어지는 현상도 이 법칙으로 이해할 수 있죠. 20세기에 아인슈타인은 에너지 보존 법칙을 특수 상대성 이론으로 확장해 질량이 에너지로, 에너지가 질량으로 변할 수 있다고 설명했어요.

여기서 잠깐! 이상하다는 생각이 들지 않나요? 에너지 보존 법칙에 따르면 에너지의 양은 줄어들지 않는다는데 왜 우리는 에너지를 절약해야 할까요? 우리가 현실에서 말하는 '에너지 절약'은 사용할 수 있는 '에너지원'을 아끼자는 뜻입니다. 석탄과 석유, 천연가스 같은 화석연료는 아주 오래전 지구에서 살던 생물들의 화석이 쌓여 만들어진 에너지원입니다. 화석연료는 양이 한정되어 있어 언젠가는 고갈될 자원이에요.

# 만약 에너지가 없어진다면

전기가 완전히 사라진 사회를 상상해 본 적이 있나요? 어느 날 아침 눈을 떴는데 세상이 평소와는 완전히 달라져 있는 상상을 해볼까요?

어느 여름날 아침, 나는 평소처럼 알람 소리에 맞춰 눈을 뜨려고 했어요. 그런데 이상하게도 알람이 울리지 않았죠. "아, 오늘은 주말인가?" 생각하며 시계를 봤는데 시계도 꺼져 있었습니다. 전등 스위치를 아무리 눌러도 불이 켜지지 않았어요. "이상하다. 정전인가?"

부엌으로 가보니, 냉장고는 불이 나가 있고 전자레인지, 토스터, 커피포트도 모두 꺼져 있었습니다. 엄마는 "오늘 아침은 빵 대신

견과류랑 말린 과일로 때우자"라고 했죠. 아빠는 "엘리베이터가 멈췄으니 계단으로 내려가야겠다"라며 한숨을 쉬었고, 동생은 "우아, 오늘 학교 안 가도 되는 거야?"라며 신나 했지만, 스마트폰이 켜지지 않는다는 사실을 깨닫고 울상을 지었어요. 밖에 나가 보니 자동차와 버스가 모두 멈춰 있고 신호등도 꺼져 도로는 엉망이었어요. 이웃집 아저씨는 "이거 영화에서나 보던 세상 아닌가?"라며 고개를 갸웃거렸죠.

어두운 교실에서 선생님은 분필로 칠판에 글씨를 쓰며 "오늘은 옛날 방식으로 수업을 해볼까?"라고 말했습니다. 점심시간 급식으로는 따뜻한 쌀밥 대신 샌드위치와 과일이 나왔고, 친구들은 "이게 뭐야, 캠핑 온 것 같아!"라며 웃기도 했지만, 오후가 되자 더위와 불편함에 모두 지쳐 버렸죠.

집으로 돌아온 시간에도 여전히 전기를 쓸 수 없었습니다. 전등과 TV, 컴퓨터, 게임기가 모두 꺼져 어두컴컴한 집에서 가족들은 촛불을 켜고 둘러앉아 이야기를 나누었습니다. "계속 이렇게 살 수 있을까?" 누군가가 물었고, 모두 잠시 조용해졌습니다.


정말 이런 일이 벌어진다고 생각하면 두려워지지 않나요? 당연하게 여긴 에너지가 사라지면 세상은 굉장히 혼란스러워질 거예요. 에너지는 문명의 숨결입니다. 숨이 끊어지면 생명이 멈추듯, 에너지가 끊기면 사회는 멈춥니다. 앞의 에피소드는 상상일

뿐이지만, 에너지 공급이 뚝 끊기는 재난 상황은 지구 곳곳에서 실제로 계속 벌어지고 있습니다. 에너지가 사라진 사례들을 몇 가지 살펴볼까요?

## 대정전부터 허리케인까지

미국은 땅덩이 크기가 우리나라 영토의 98배나 되는 만큼 매우 다양한 재난이 발생하는 나라입니다. 2003년, 미국과 캐나다 동북부에서 전기가 끊겨 5,000만 명이나 되는 사람들의 일상이 멈췄습니다. 우리나라 전체 인구와 맞먹죠? 모든 지하철과 승강기가 꿈쩍하지 않았으며 은행의 ATM과 통신망, 인터넷이 모두 마비되며 대도시는 암흑 속으로 빠져들었습니다. 전기가 끊기자 병원은 환자들의 생명을 지키기 위해 비상 발전기를 가동해야 했어요. 이틀 동안의 정전은 막대한 경제적 손실을 불러왔습니다. 2012년 허리케인 샌디는 어땠을까요? 뉴욕에 있는 모든 병원의 전기가 끊기자 수많은 생명이 위험에 처했습니다. 인공호흡기와 수술 장비, 심장 모니터까지 모두 멈춰 버리는 바람에 환자들을 다른 지역으로 서둘러 옮겨야 했죠. 이처럼 에너지는 의료 시스템의 심장이기도 해요.

　에너지는 우리의 생존과 직결됩니다. 텍사스에서는 극심한 한파로 발전소와 천연가스 공급 시설들이 멈췄습니다. 주민 수백만 명이 보일러 없이 겨울을 버텨야 했고, 식수도 공급받을 수 없었습니다. 통신망도 큰 차질을 겪었습니다.

　우리나라도 2011년 전력이 부족해지면서 전국 각지의 전기를 차례대로 끊은 적이 있습니다. 공장은 물론 병원, 교통 시설 등에서 많은 혼란이 일어났죠. 이런 사례들을 보면 에너지 관리가 얼마나 중요한지 실감할 수 있어요. 에너지가 없으면 우리의 삶은 순식간에 불안정해지고, 생존 자체가 위태로워질 수 있습니다.

### 산업혁명이 불러온 지구온난화

산업혁명은 단순히 기술의 발전이라고만 할 수 없습니다. 인간의 삶과 사회 구조를 송두리째 뒤흔든 전환점이에요. 이 혁명은 18세기 후반, 영국의 한 작은 마을에서 탄생한 증기기관에서 시작했어요. 스코틀랜드의 젊은 기술자 '제임스 와트'에 대해 들어본 적이 있나요? 그는 증기기관을 개량해 산업혁명의 불씨를 댕겼습니다. 그의 발명품으로 기계가 사람의 손을 대신하게 되었어요. 더는 사람이 손으로 일일이 물건을 만들 필요가 없어진 것이죠. 공장에서 물건의 대량생산이 가능해지면서 경제는 빠르게 성장했습니다.

　하지만 공장을 돌리는 데는 엄청난 양의 석탄이 필요했습니다. 당시 사람들은 석탄을 태우는 행위가 지구에 어떤 영향을 미칠지 전혀 예상하지 못했어요. 그저 산업을 키우는 데만 집중했죠.

　우리가 집에서 사용하는 전기, 자동차의 연료, 공장에서 쓰는 여러 에너지는 주로 석탄이나 석유, 천연가스 같은 화석연료에서 나옵니다. 그런데 화석연료를 태우면 많은 이산화탄소가 대기 중으로 나옵니다. 인간의 산업 활동으로 대기 중 이산화탄소 농도는 갈수록 짙어졌고, 이는 지구의 온도가 점점 올라가는 지구온난화 현상으로 이어졌습니다.

## 파키스탄은 왜 물에 잠겼을까

지구온난화는 단순히 기온이 조금 오르는 문제가 아닙니다. 지구 온도가 오르면 극지방의 빙하가 녹아내리면서 해수면이 상승하고, 바닷가에 있는 도시들이 물에 잠길 위험이 커집니다. 여름은 더 더워지고 겨울은 더 추워지며, 이상기후 현상이 잦아져요. 폭우나 폭염, 가뭄이 더 자주 발생한다는 뜻이죠. 최근 있었던 이상기후 사례들을 몇 가지 살펴볼까요?

2022년 여름, 파키스탄에는 평년보다 3배 이상 많은 폭우가 내렸습니다. 갑자기 강수량이 늘어난 건 지구온난화로 대기 중 수증기가 많아졌기 때문입니다. 따뜻해진 대기는 더 많은 수분을 머금는데, 이 수분이 한꺼번에 땅으로 쏟아지면 기록적인 폭우로 이어집니다. 기온이 따뜻해지면서 북부 히말라야의 빙하가 빠르게 녹아 강 수위가 높아진 것도 홍수 피해를 더 키웠습니다. 국토의 3분의 1이 물에 잠기는 대참사로 주민 1,700명 이상이 사망했고, 1,200만 명이 집을 잃거나 다쳤습니다. 200만 채가 넘는 건물이 무너지고 도로와 다리까지 파괴되어 복구에 오랜 시간이 걸렸습니다. 농경지가 물에 잠기고 가축이 죽어서 식량을 구하기도 어려워졌죠. 홍수가 그치고 나서는 말라리아, 콜레라 등의 감염병도 퍼져 나갔습니다.

### 리비아를 집어삼킨 홍수

대홍수는 2023년 아프리카 북부의 리비아에서도 일어났습니다. 리비아 동부의 데르나를 집어삼킨 홍수는 지중해에서 발생한 허리케인 다니엘이 이곳에 상륙하면서 시작되었습니다. 지중해의 수온이 상승하면서 유럽과 아프리카 북부에는 강력한 폭풍우가 자주 발생하고 있습니다. 허리케인이 몰고 온 엄청난 양의 비로 댐이 무너지자 도시 전체가 순식간에 물에 잠겼습니다. 데르나에서는 4,000명 이상이 사망하고 1만 명 이상이 실종된 것으로 추정됩니다. 도시의 4분의 1이 완전히 파괴되었으며, 수만 명이 집을 잃고 임시 대피소에 머물렀습니다. 도로와 다리, 병원이 무너져 구조와 구호 활동도 매우 어려웠어요. 식수와 전기가 끊겨 2차 피해가 이어졌고, 시신이 길바닥에 방치되면서 감염병 우려도 커졌습니다.

이처럼 지구온난화는 이상기후와 자연재해가 잦아지는 근본적인 원인으로 꼽혀요.

허리케인 다니엘로 무너진 리비아의 건물

## 미국 역사상 최악의 산불

2023년 8월 하와이 마우이섬에서 발생한 대형 산불은 미국 사회에 큰 충격을 주었습니다. 다름 아닌 기후위기가 불러온 재난이었죠. 최근 몇 년간 하와이 지역에서 긴 가뭄이 이어졌습니다. 지구온난화로 대기 중 수분이 많이 증발한 탓입니다. 비도 불규칙하게 내렸습니다. 그러다가 2023년에 허리케인 도라가 하와이 남쪽을 지나가면서 강풍이 불었고, 강풍은 건조한 풀과 나무에 불이 붙는 원인이 되었습니다. 불은 삽시간에 산 전체로 번졌습니다. 이상기후가 대형 산불을 초래한 것입니다.

이 산불로 라하이나 마을이 송두리째 타버렸고, 100명 이상이 사망했습니다. 수백 명이 실종되었으며 2,200여 채의 건물이 파괴되었습니다. 주민 수천 명이 집을 잃고 대피소에서 생활했습니다. 문화유산들이 불타 관광업에 의존하던 지역 경제도 큰 타격을 입었습니다. 마을을 복구하는 비용은 수십억 달러가 든 것으로 추산해요.

자연재해가 발생하면 많은 사람이 죽거나 다치는 건 물론 경제와 사회 등 다양한 분야에서 피해가 생깁니다. 무엇보다 큰 문제는 기후변화가 인간 사회뿐만 아니라 생태계 전체를 파괴한다는 것입니다. 동식물의 서식지가 사라지며, 멸종 위기종이 늘어나고 생물의 다양성이 줄어듭니다. 지구 생태계의 아픔은 인간에게 고스란히 되돌아옵니다. 식량 생산이 줄고, 감염병이 퍼지는

산불로 타버린 하와이 마우이섬에서 구조 작업을 펼치는 소방대원

　미래 에너지로 지구를 구한다면

등 심각한 문제가 생겨납니다.

이상기후로 산불이 난 곳은 하와이만이 아닙니다. 그리스와 스페인 곳곳에서도 산불이 자주 발생했습니다. 기후변화로 북아프리카의 뜨거운 공기가 유럽으로 더 많이, 자주 유입되었기 때문이에요. 덥고 건조한 날씨가 이어지자 작은 불씨가 대형 산불로 쉽게 번진 것입니다. 이처럼 폭염과 산불은 서로 연결되어 있으며, 그 원인에는 기후변화가 자리하고 있습니다. 남유럽 전역에서 수십만 헥타르의 숲이 불에 탔습니다. 그리스 로도스섬에서는 2만 명 이상이 긴급 대피하고, 이탈리아와 스페인, 포르투갈에서도 수천 명이 대피소로 이동해야 했습니다.

2023년 여름, 유럽은 전에 없던 폭염에 시달렸습니다. 이탈리아 시칠리아의 기온이 48.8도로 오르며 유럽의 최고 기온 기록을 갈아 치웠어요. 열사병으로 죽은 사람이 수백 명이 넘었습니다. 특히 오랫동안 병을 앓아 온 사람이나 노약자에게는 뜨거운 날씨가 더욱 치명적이었죠. 농작물이 말라 죽고 가축 또한 떼죽음을 당하면서 경제적 손실도 컸습니다. 더운 날씨에 여행객이 줄어드니 관광업 역시 큰 타격을 받았습니다. 산불로 연기와 먼지가 많이 생겨 대기도 크게 오염되었습니다.

# 에너지 불평등이 평화를 위협한다고?

에너지는 현대 사회 어디에서나 꼭 필요합니다. 하지만 모든 국가가 에너지를 필요한 만큼 사용할 수는 없습니다. 부유한 국가들은 전기나 석유, 가스 등의 에너지를 마음껏 써서 산업을 발전시키고 있지만, 가난한 국가들은 에너지가 부족해 경제 발전이 더딥니다. 에너지 자원에 접근할 기회가 국가나 지역, 계층 간에 고르지 못한 현상을 '에너지 불평등'이라고 말합니다.

## 에너지 불평등과 자원 전쟁

에너지 불평등은 국가 간의 불평등을 깊어지게 합니다. 사하라 이남 아프리카의 많은 국가에서는 아직도 인구의 절반 이상이 전기를 사용할 수 없습니다. 아프리카의 나이지리아는 석유를 많이 생산하는 국가지만, 전력 공급이 불안정해서 공장을 돌리는 데 어려움을 겪습니다. 한편 미국이나 유럽 같은 선진국에서는 거의 모든 국민이 24시간 안정적으로 전기를 사용할 수 있습니다. 우리나라도 마찬가지죠. 이런 국가들은 풍부한 에너지를 바탕으로 첨단 기술을 개발해 커다란 발전을 이루어 냈습니다.

에너지 불평등은 한 국가 내에도 존재합니다. 도시에서는 전기와 가스를 문제없이 사용할 수 있지만, 농촌이나 산간 지역에서는 여전히 에너지 인프라가 부족해 불편을 겪는 경우가 많습니다. 이는 인구와 산업 시설이 도시에 몰리는 '도시 집중화'를 더욱더 부채질해요. 전 세계에서 약 7억 명이나 되는 사람이 전기 없이 살아가고 있습니다. 전기 대신 등유 램프를 켜고 나무 땔감을 태워 빛과 열을 얻어요. 이처럼 에너지 접근성이 떨어지면 교육과 의료, 정보의 질도 떨어져 가난한 사람들은 더욱 빈곤해집니다.

에너지 불평등은 '자원 전쟁'을 일으키기도 합니다. 자원 전쟁은 에너지 자원을 차지하기 위해 국가나 집단이 갈등하는 것을 뜻합니다. 중동에서는 더 많은 석유를 확보하려는 석유 전쟁이, 아프리카 콩고에서는 희귀 광물인 콜탄을 차지하려는 내전이 자주 벌어지고 있어요. 어떤 국가들은 땅이 나란히 붙어 있어 강을 공유하기도 하죠. 강 상류에 있는 국가와 강 하류에 있는 국가가 물 자원을 두고 외교적 갈등을 빚기도 합니다. 중동의 요르단강이나 아프리카의 나일강처럼 여러 국가가 공유하는 강에서는 물

자원을 차지하려는 국가 간의 무력 충돌이 자주 일어납니다.

경제적 이익을 얻으려는 자원 전쟁은 한 국가의 정치와 외교, 사회 등 여러 측면에 심각한 영향을 미칩니다. 인류 역사의 대표적인 자원 전쟁들을 자세히 살펴볼까요?

### 석유를 향한 욕망, 걸프 전쟁

중동 지역에는 세계 석유의 약 60퍼센트가 매장되어 있습니다. 20세기 이후 여러 국가가 이 지역의 석유 자원을 두고 갈등을 벌여 왔습니다. 그중에서도 1990년대 벌어진 걸프 전쟁은 석유 자원을 둘러싼 대표적인 갈등입니다. 이라크가 쿠웨이트를 침공하자 미군이 중심이 된 다국적군이 이라크에 대응하며 벌인 전쟁이죠.

이라크는 1980년대 이란·이라크 전쟁을 치르며 막대한 빚을 떠안게 되었습니다. 엎친 데 덮친 격으로 석유 가격까지 떨어져 경제 상황이 더욱 나빠졌죠. 경제난에서 벗어날 방법을 궁리하던 이라크는 이웃 국가 쿠웨이트로 눈을 돌렸습니다. 쿠웨이트는 석유가 매우 풍부하게 매장된 국가예요. 이라크가 쿠웨이트를 점령하면 중동 석유의 20퍼센트 이상을 손에 쥘 수 있었습니다. 이라크는 쿠웨이트가 석유를 너무 많이 생산해 값을 떨어뜨린 것은 물론 국경 지역의 유전을 불법으로 채굴했다며 비난했습니다. 전쟁의 명분을 만들려고 한 것이죠. 이라크는 쿠웨이트를 침공해

1991년 쿠웨이트에서 사막의 폭풍 작전을 수행하는 미군 전투기

중동의 석유 시장에서 영향력을 키우려 했습니다.

1990년 8월, 이라크 군대는 빠르게 쿠웨이트 땅을 점령했습니다. 그러자 미국을 중심으로 한 다국적 연합군이 개입하며 전쟁은 국제 전쟁으로 커졌어요. 연합군은 1991년 1월부터 '사막의 폭풍'이라는 작전을 벌여 이라크군을 몰아내고 쿠웨이트를 해방했습니다. 이 전쟁은 석유 자원을 둘러싼 국제적 이해관계가 군사 충돌로 이어질 수 있음을 보여 주는 대표적 사례입니다.

### 에너지 갈등이 불러온 비극, 다르푸르 학살

수단은 아프리카 북부에 위치한 나라예요. 수단의 서부 다르푸르 지역에는 석유와 천연가스 등의 에너지 자원이 풍부합니다. 수단 정부는 2000년대 초부터 이 지역의 석유를 추출하기 시작했습니다. 그런데 원래 이 지역에서는 아랍계 주민과 비아랍계 주민이 오랫동안 갈등을 겪어 왔습니다. 중앙정부가 아랍계 주민에게 우호적인 정책을 펼쳐 비아랍계 주민의 불만이 쌓이고 있었죠. 석유 개발은 이런 부족 간 갈등이 크게 폭발하는 계기가 되었습니다.

아프리카계 주민들로 이루어진 반군 세력은 중앙정부의 자원 수탈에 반발해 무장 투쟁을 시작했습니다. 이에 수단 정부는 친정부 민병대를 동원해 반군 진압에 나섰습니다. 수단 정부와 이해관계가 얽힌 국제 석유 기업들도 내전에 개입했습니다.

수단 다르푸르의 난민촌

수단의 독재자 오마르 알바시르가 지원하는 친정부 민병대인 '잔자위드'는 다르푸르에서 수십만 명을 학살했습니다. 국제연합 UN이 발표한 사망자 수만 30만 명이고, 실제로는 이보다 더 많을 것으로 추정해요. 수백만 명이 집을 잃고 떠도는 난민이 되었고요. 이처럼 수단 다르푸르 분쟁은 에너지 자원을 두고 지역 분쟁이 깊어져 끔찍한 학살로 번진 사례입니다.

### 우크라이나 전쟁의 원인이 에너지라고?

러시아는 유럽에 엄청난 양의 천연가스를 공급하는 국가입니다. 1,000킬로미터가 훌쩍 넘는 파이프라인을 통해 유럽으로 천연가스를 옮깁니다. 이 파이프라인은 우크라이나를 통과해요. 러시아와 우크라이나는 천연가스 가격이나 공급량, 운송비 등을 두고 오랜 시간 갈등을 겪었습니다.

러시아는 풍부한 에너지 자원을 도구 삼아 다른 나라를 압박해 왔어요. 2000년대부터 여러 차례 러시아가 우크라이나에 가스 공급을 줄이거나 완전히 끊을 때마다 유럽은 에너지 위기를 겪었습니다. 유럽 곳곳이 한겨울에 가스가 뚝 끊기는 난방 위기를 겪었죠. 2014년 러시아는 우크라이나의 영토인 크림반도를 침공했습니다. 수조 달러의 천연자원이 묻힌 크림반도 지역을 손에 넣자, 천연가스로 더욱 손쉽게 다른 나라를 압박할 수 있게 되었습니다. 2022년에는 우크라이나 본토를 침공해 유럽의 안보와

경제에 더욱 큰 영향을 미치고 있습니다. 그래서 유럽은 러시아 외에 액화천연가스를 거래할 국가를 찾고 재생 에너지를 폭넓게 도입하는 등 러시아산 천연가스를 대

신할 에너지를 마련하기 위해 노력하고 있습니다. 이 사례는 국가 간 정치·군사 갈등에 에너지 자원이 무기처럼 동원될 수도 있음을 보여 줍니다.

이처럼 에너지는 국가를 안정적으로 운영하는 데 매우 큰 역할을 하기에 세계 각국은 자원을 확보하려는 경쟁을 치열하게 벌이고 있습니다. 이러한 경쟁이 때로는 외교 갈등으로 번져 전 세계의 평화를 위협하기도 합니다.

# 원자력 발전은 정말 안전할까

원자력은 화석연료보다 온실가스를 적게 배출하면서도 전기를 많이 생산한다는 장점이 있습니다. 그래서 20세기부터 원자력은 효율적인 에너지원으로 주목받았죠. 하지만 원자력 발전소원전에서 방사성 물질이 유출되는 사고가 일어나면 그 피해는 어마어마하게 큽니다. 한 번 유출된 방사성 물질은 그 지역에서 오랜 시간 사라지지 않고 영향을 미치거든요. 원전에서 일어난 대표적인 사고로는 1986년의 체르노빌 원전 사고와 2011년의 후쿠시마 원전 사고가 있습니다. 이 두 사고는 전 세계가 원자력의 안전성을 진지하게 논의하는 계기가 되었답니다.

## 원자폭탄의 400배, 체르노빌 원전 사고

1980년대 소련 체르노빌에서 발생한 원전 사고는 인류 역사상 최악의 원자력 사고입니다. 1986년 4월 26일 새벽 1시 23분, 지금의 우크라이나 지역에 있는 체르노빌 원전 4호기에서 두 차례의 폭발이 일어났어요. 안전 실험을 하던 도중 원자로가 통제 불능 상태에 빠진 것입니다. 큰 폭발로 부서진 원자로에서는 엄청난 양의 방사성 물질이 빠져나와 대기 중으로 퍼졌습니다. 얼마나 엄청났냐면 2차 세계대전 때 미군이 일본 히로시마에 떨어뜨린 원자폭탄의 400배에 달하는 양이었어요. 방사성 구름은 바람을 타고 소련 전역은 물론 40여 개의 유럽 국가로 퍼졌습니다.

사고가 일어나자 소방관과 구급대원 들이 달려와 불을 끄고 인명 구조에 나섰습니다. 원전에서 가까운 도시인 프리피야트에 살던 주민 4만 9,000여 명은 이틀 내로 모두 대피했고요. 체르노빌에서 반경 30킬로미터 이내에 속하는 지역의 주민 13만 5,000여 명도 다른 마을로 이주했습니다. 주민들이 떠나 텅 빈 도시와 마을 들은 모두 출입이 금지된 지역이 되었습니다.

그러나 원전에서 구출된 사람 중 28명이 한 달이 채 되지 않아 급성 방사선 증후군으로 사망했습니다. 소련 정부는 폭발 사고로 죽은 사람을 31명으로 발표했지만, 세계보건기구WHO와 국제원자력기구IAEA는 실제 방사성 물질에 노출된 피해자가 수십만 명에 이를 것으로 추정해요. 원전 사고가 터진 뒤로 우크라이나, 벨라

1986년 원전 사고로 지금까지 출입이 금지된 체르노빌의 아파트

미래 에너지로 지구를 구한다면

루스, 러시아 등지에서 갑상선암과 백혈병을 비롯한 암 발생률이 크게 올랐거든요. 특히 어린이와 청소년 중에서 갑상선암 환자가 늘었어요. 이뿐만이 아닙니다. 하루아침에 가족과 삶의 터전까지 잃은 주민들은 수십 년 동안 불안과 공포에 시달려야 했습니다.

### 아직도 돌아오지 못한 생태계

방사성 물질은 토양부터 식수, 동식물까지 체르노빌 지역을 크게 오염시켰어요. 특히 세슘-137, 요오드-131, 스트론튬-90 등의 물질이 장기간 환경에 남아 생태계를 파괴했습니다. 피해가 더 커지는 것을 막기 위해 방사성 물질에 오염된 부분을 없애고 콘크리트 덮개를 설치하는 작업이 이루어졌습니다. 그러나 오랜 기간 노력을 기울였음에도 사고 지점의 반경 30킬로미터 이내 지역은 현재도 출입이 제한되어 있습니다. 몇몇 과학자나 관계자만이 드나들 수 있죠. 이 지역에서는 인간의 활동이 중단되면서 늑대나 곰, 사슴 등의 야생동물이 늘어나고 자연이 복원되는 현상도 관찰되고 있다고 합니다. 최근에는 체르노빌과 프리피야트가 다크 투어리즘 명소로 주목받고 있

> **다크 투어리즘**
>
> 재난, 전쟁, 학살 등 비극적인 사건이 일어난 곳을 찾아가 역사적 교훈을 얻는 여행을 뜻합니다. 대표적인 장소로는 유대인을 학살한 현장인 독일의 아우슈비츠 수용소, 원자폭탄이 떨어진 일본의 히로시마, 9·11 테러가 발생한 미국 세계무역센터 자리 등이 있습니다.

습니다. 하지만 방사성 물질은 여전히 남아 있습니다. 해로운 물질에 노출될 위험이 완전히 사라진 것은 아니라서 제한된 구역에서만 견학이 허용된다고 합니다. 사람이 자유롭게 다녀도 안전한 수준으로 이 지역을 복구하는 데는 앞으로도 수십 년 이상 걸릴 것으로 예상됩니다.

체르노빌 원전 사고는 국제사회에 큰 충격을 주었고, 원자력 발전의 위험성을 전 세계에 알리는 계기가 되었어요.

### 일본을 휩쓴 후쿠시마 원전 사고

일본의 후쿠시마 원전에서도 큰 사고가 발생했습니다. 2011년 3월 11일, 일본 동북부에서 규모 9.0의 큰 지진이 일어나 대형 쓰나미를 일으켰습니다. 어마어마한 높이의 바닷물이 후쿠시마 제1원전의 1~4호기를 덮쳤습니다.

지진과 쓰나미로 발전소의 전력 공급이 모두 끊겼을 뿐 아니라 비상 발전기도 물에 잠겨서 원자로를 식히는 냉각 시스템이 완전히 멈췄습니다. 그러자 원자로 내부의 온도가 빠르게 올라가고 연료봉이 녹아내렸습니다. 뜨거운 원자로 내부에서는 수소가 생겨났고, 이 수소가 계속 쌓이자 1, 3, 4호기에서 연이어 큰 폭발이 일어났습니다. 이 폭발로 발전소 건물 외벽이 와르르 무너지며 요오드-131, 세슘-137 등 다양한 방사성 물질이 바다와 공기 중으로 퍼졌습니다. 방사성 물질은 바람을 타고 인근 지역뿐 아니라 일본 전역, 심지어 태평양 너머까지 날아갔습니다. 미국 서부 해안에서 방사성 물질이 조금 검출되기도 했어요.

사고 직후 반경 20킬로미터 이내의 주민 15만 명이 긴급 대피했습니다. 그 이후로도 일본 정부는 방사성 물질로 오염된 곳을 조사하면서 출입을 금지하는 지역을 늘렸습니다. 원전 사고가 일어나고 바로 사망한 사람은 없습니다. 그러나 오랜 피난 생활로 스트레스를 받고 적절한 치료도 제때 받지 못해 죽게 된 간접 사망자가 수백 명에 달합니다. 방사성 물질에 노출된 사람들의 갑상선암 발병률도 높아졌어요.

원전에서 나온 방사성 물질은 땅과 바다, 농작물을 깊숙이 오염시킵니다. 일본은 방사성 물질이 퍼지는 것을 막기 위해 여러 노력을 하고 있지만, 여전히 많은 사람이 고통과 불안 속에 있습니다. 특히 후쿠시마 원전에서 계속 발생하는 '오염수' 처리를 두고 국제적인 논란이 있습니다. 오염수는 방사성 물질에 오염된 냉각수를 가리켜요. 냉각수는 기계나 엔진의 열을 식히기 위해 사용하는 물입니다. 일본은 오염수를 저장하는 탱크를 발전소 부지에 수천 개 설치하고, 오염수를 정화한 다음 바다로 방류하고 있습니다. 그러나 정화한 오염수가 얼마나 깨끗한지는 장담할 수 없습니다. 실제로 일본이 바다로 방출한 오염수에서 기준치를 넘는 방사성 물질이 발견되었어요. 그래서 일본과 바다를 공유하는 국가들 사이에서 논란이 되고 있어요.

2011년 지진과 쓰나미로 부서진 후쿠시마 제1원전 3호기

　　미래 에너지로 지구를 구한다면

후쿠시마 원전 사고는 원자력 발전이 자연재해 앞에서 얼마나 커다란 위협으로 변할 수 있는지 보여 줍니다. 후쿠시마가 원전 사고 이전만큼 회복하려면 아주 오랜 시간이 걸릴 것으로 보입니다.

### 탈원전이냐 원전이냐, 그것이 문제로다

체르노빌과 후쿠시마에서 사고가 터지자 전 세계는 원자력 발전이 정말 안전한지를 깊게 고민하게 되었습니다. 원전을 더욱 엄격한 기준 아래 짓고 관리할 필요성을 느끼게 되었죠. 독일과 이탈리아를 비롯한 여러 나라는 아예 원자력 발전을 중단하는 '탈원전'을 결단했습니다. 원자력 대신 태양광과 풍력 같은 재생에너지를 도입하려는 움직임이 세계 곳곳에서 활발히 일어났습니다.

그러나 모든 나라가 같은 길을 걷지는 않습니다. 많은 나라가 현실적인 문제로 여전히 원자력 발전을 고수하고 있습니다. 각종 국제 분쟁으로 에너지 수급이 불안정해지고 기후변화에도 빠르게 대응해야 하기 때문이에요. 인공지능 기술을 여러 산업에서 활용하면서 전력 또한 많이 필요해졌습니다. 원자력 발전을 긍정적으로 보는 국가들은 이산화탄소를 거의 배출하지 않는 원자력이 지구온난화에 효과적으로 대응할 방법이라고 주장합니다. 최근에는 탈원전을 선언했던 국가들도 다시 원자력 발전을 도입하고 있습니다. 탈원전 정책을 꾸준히 이어 온 스위스는 폐기하려던 원전의 가동 기한을 2040년으로 연장하고 새로운 원전도 건설한다는 계획을 발표했습니다. 이탈리아는 2050년까지 원자력 발전의 비중을 전체 에너지 발전의 11퍼센트 이상으로 늘린다는 계획을 발표했어요.

수차례의 원전 사고를 겪으며 과학자들은 발전소를 보호하는 기술을 보완해 왔습니다. 사고가 나더라도 방사성 물질이 밖으로 빠져나오지 않도록 다양한 방어벽을 마련했죠. 이제 원전은 여러 안전장치와 자동화 시스템을 갖추고 있습니다. 원자로를 감싸는 격납용기는 방사성 물질이 외부로 새어 나가는 것을 막는 역할을 합니다. 원자로가 충격을 받으면 자동으로 멈추는 시스템, 냉각수 공급이 중단되었을 때 물을 식히는 설계도 개발되었어요.

원자력 발전의 또 다른 문제는 방사성 폐기물 처리입니다. 사용이 끝난 핵연료의 방사능 수치는 수천 년 동안이나 높은 상태를 유지해요. 그렇기에 폐기물을 안전하게 보관하고 관리하는 것이 매우 중요합니다. 현재는 지하 깊은 곳에 방사성 폐기물을 묻는 방법을 주로 사용하고 있지만, 이를 완벽하게 안전하다고 할 수는 없습니다. 각국에서는 폐기물의 양을 줄이거나 재가공하는 기술을 개발하고 있습니다.

원자력 발전이 가져다주는 이익과 위험성 사이에서 인류는 여전히 해답을 찾기 위해 고심하고 있습니다.

## 에너지 위기는 인류 모두의 책임

체르노빌과 후쿠시마의 교훈은 우리에게 한 가지 질문을 남깁니다. 우리는 원자력이라는 거대한 힘을 안전하게 다룰 수 있을까요? 이 질문은 단순히 기술의 문제가 아니라, 우리가 어떤 미래를 선택할 것인지에 대한 깊은 고민을 요구합니다.

에너지는 현대 사회와 우리 일상을 지탱하는 근본적인 원동력입니다. 그런 에너지를 어떻게 쓸지는 우리 모두의 선택이자 책임입니다. 무분별한 에너지 사용이 불러온 재앙을 통해, 우리는 '지속 가능한 발전'을 하는 것이 얼마나 중요한지 다시금 깨닫게 됩니다. 이제는 에너지의 본질과 활용

> **지속 가능한 발전**
>
> 현재 세대의 필요를 충족하면서도 미래 세대에게 해가 되지 않는 발전을 뜻합니다. 즉 경제와 사회가 지구 환경을 망가뜨리지 않고 발전하는 것을 뜻해요.

방법을 다시 생각해야 할 때입니다. 우리가 직면한 다양한 문제들을 마주하며, 더 나은 미래를 위해 어떤 선택을 할 것인지 함께 고민해 보아야 할 시점입니다.

우리가 쓰는 전기와 가스는 대부분 땅속 깊은 곳에 묻힌 천연자원에서 얻습니다. 석유·석탄·천연가스 등 지구의 다양한 자원을 탐사하고 추출하는 사람들이 바로 에너지공학 기술자입니다. 이 직업을 한마디로 요약하면 '지하의 에너지를 찾아내는 숨은 영웅들'이에요.

에너지공학 기술자가 지휘하는 일을 크게 3가지 단계로 살펴보면 다음과 같습니다.

첫 번째 단계는 '탐사'입니다. 지하에 어떤 자원이 어디에 얼마나 묻혀 있는지 알아내는 과정입니다. 첨단 장비와 지질학 지식을 활용해 땅속 구조를 분석하고, 땅을 파낼 위치를 결정하죠. 예를 들어 석유는 지진파 탐지기로 땅속의 석유층을 찾아내야 얻을 수 있습니다.

두 번째 단계는 '시추'입니다. 탐사 결과로 찾아낸 땅을 뚫어 자원을 뽑아내는 과정입니다. 시추 기술자는 장비를 조작해 석유나 가스, 광물을 안전하게 끌어올리는 현장을 관리합니다. 바닷속 자원을 뽑아낼 때면 바다 한가운데에 띄운 배에서 며칠씩 근무하기도 합니다.

세 번째 단계는 '채광'과 '선광'입니다. 채광은 광산에서 석탄이나 광물을 캐내는 작업이며, 선광은 채광 후 원석에서 불순물을 없애 순수한 자원만 남기는 작업을 뜻합니다. 요즘 기술자들은 최신 자동화 장비와 친환경 기술을 도입해 환경 파괴를 최소화하려 노력합니다.

에너지공학 기술자는 주로 석유·가스 회사, 광산 개발 기업, 엔지니어링 회사, 정부 연구기관 등에서 일합니다. 최근에는 신재생 에너지 분야로 진출하거나 환경 전문가로 활동하는 사람도 늘고 있습니다. 이 분야에서 일하려면 지질학·자원공학·에너지공학·화학공학 등을 전공하는 것이 좋습니다. 복잡한 기계와 장비를 다루기에 기계공학도 잘 알아야 하고, 지하자원이 묻힌 거친 자연환경에서 여러 사람과 일하기에 안전관리 능력, 문제해결 능력, 팀워크도 필수입니다. 광물이 풍부한 해외 현장에서 일할 때는 외국어 실력도 갖춰야 합니다.

실제 현장에서는 다양한 도전으로 새로운 발견을 해낸 사례가 많습니다. 예를 들어 사우디아라비아의 한 석유 탐사 팀은 지진파 탐사 장비로 사막 한가운데서 거대한 유전을 발견해 경제 성장을 이끌었습니다. 호주의 한 광산에서는 자율주행 트럭과 드론을 활용해 광물을 캐내고, 원격으로 광물의 불순물을 없애는 시스템을 도입해 화제가 되었습니다. 우리나라에서도 동해 가스전 개발, 울산 앞바다 시추, 강원도 탄광 작업의 자동화 등 다양한 프로젝트를 진행했습니다. 최근에는 친환경 채광 기술도 활발히 개발하고 있습니다.

에너지 자원이 우리 생활에 꼭 필요한 만큼 에너지공학 기술자를 찾는 곳은 꾸준히 늘어날 전망입니다. 이 분야의 기술자는 기존의 화석연료뿐 아니라 지열이나 해양에너지 등 새로운 자원을 개발하는 분야로도 진출하고 있습니다. 환경 보호가 점점 더 중요해지면서, 친환경적인 기술을 다루는 전문가의 역할은 더욱 커질 것입니다.

지하의 보물을 세상 밖으로 꺼내는 일에 도전하고 싶다면, 에너지공학 기술자라는 직업에 도전해 보세요.

지구의 평균 기온이 점점 오르면서 이상기후와 자연재해가 자주 발생합니다. 이런 기후위기를 벗어날 구체적인 방법을 찾는 사람들이 바로 '기후변화 전문가'입니다. 지구의 미래를 지키는 과학자들이라고 할 수 있죠.

기후변화 전문가들은 하늘과 바다, 산림 등 지구의 여러 자연환경을 관찰해서 기후변화의 흐름과 원인을 분석해요. 예를 들어 위성 사진과 데이터를 보고 북극의 빙하가 얼마나 빠르게 녹는지 파악하죠. 2019년 유럽의 어느 연구 팀은 그린란드 빙하가 예상보다 훨씬 빠르게 녹고 있다는 사실을 밝혀냈습니다. 이 연구 결과는 전 세계 언론이 보도했고, 각국 정부가 해수면 상승에 대비하는 정책을 세우는 데 큰 도움이 되었습니다. 호주의 어느 기후변화 전문가는 기후 패턴을 분석해 숲에 불이 붙기 쉬운 시기를 미리 알 수 있도록 도왔어요. 이처럼 기후변화 전문가는 산불이나 홍수, 가뭄 같은 재해가 왜 자주 일어나는지 밝혀냅니다. 온실가스 배출량을 측정하거나 기후 모델을 만들어 미래의 기후를 예측하기도 합니다. 그리고 연구 결과를 바탕으로 정부나 국제기구, 기업에 기후변화에 대응할 정책을 제안합니다. 탄소중립을 위한 기술 개발에도 참여하고요.

이 분야에서 일하려면 기상학이나 생태학처럼 지구 환경을 연구하는 학문은 물론 통계학과 컴퓨터 지식도 필요합니다. 복잡한 데이터를 분석하고 컴퓨터 시뮬레이션을 돌릴 수 있는 능력이 요구되는 것이죠. 연구 결과를 쉽게 설명하고 정책으로 연결하는 소통 능력도 중요합니다. 환경문제에 책임감을 느끼고 인류의 미래를 생각하는 넓은 시야 또한 필요하답니다.

기후변화 전문가가 되는 길은 다양합니다. 보통 대학에서 환경과학·지구과학·기상학·생태학 등을 전공합니다. 대학을 졸업한 이후에는 기상청이나 환경부 등의 정부 기관, 국제연합과 같은 국제기구, 환경 관련 기업, 대학 연구실 등에서 일할 수 있습니다. 최근에는 새롭게 생겨나는 스타트업이나 비영리단체에서도 기후변화 전문가를 적극적으로 찾고 있답니다.

기후위기에 대한 경각심이 높아지며 전 세계 곳곳에서 전문가를 필요로 해요. 앞으로는 에너지뿐만 아니라 농업과 도시계획, 금

융 분야에서도 기후변화 전문가의 역할이 더욱 커질 것입니다. 예를 들어 도시에서 친환경 교통 체계와 건축물을 설계할 때 기후변화 전문가의 자문을 받는 것이죠.

지속 가능한 미래에 관심이 있다면 기후변화 전문가에 도전해 보면 어떨까요?

# 2장

---

# 미래 히어로,
# 신재생에너지

이제 우리 사회는 과거에 상상하지 못했을 정도로 엄청난 양의 에너지가 필요해요. 지금 이 순간에도 새로운 발전소가 세계 곳곳에서 지어지고 있습니다.

# 수소는 석탄을 대신할까

인류는 에너지를 활용할 방법을 다양하게 알아내 사회를 발전시켰어요. 사람들은 태양에너지를 활용해 농사를 짓는 방법을 터득하면서 한곳에 정착하는 농경 생활을 시작할 수 있었습니다. 농경 시대로 넘어오면서 각 대륙의 고유한 문화가 발전했죠. 18세기 증기기관이 등장하면서 인류는 화석연료를 본격적으로 사용하며, 석탄을 태워 얻는 열에너지로 기계와 공장을 돌렸습니다. 현대 사회에서는 전기에너지를 더욱 폭넓게 활용하고 있습니다. 각 사업체와 가정은 전력망을 통해 언제 어디서나 전기를 손쉽게 공급받게 되었습니다.

물론 이 과정에서 긍정적인 발전만큼이나 문제도 많이 발생했습니다. 도시가 커지고 사용하는 기계가 다양해지는 만큼 에너지

소비도 큰 폭으로 늘어났죠. 이제 우리 사회는 과거에 상상하지 못했을 정도로 엄청난 양의 에너지가 필요해요. 사람들의 수요에 맞춰 전기를 생산하기 위해 지금 이 순간에도 새로운 발전소가 세계 곳곳에서 지어지고 있습니다.

## 지구를 지킬 새로운 에너지를 찾아서

하지만 기존의 전력 생산 방식에는 여러 문제가 있습니다. 석유나 석탄을 사용하면 이산화탄소·메탄·아황산가스 등 지구온난화를 불러오는 온실가스가 배출됩니다. 온실가스뿐만 아니라 미세먼지도 공기 중으로 나와 여러 환경문제의 원인이 되죠. 뉴스를 비롯한 각종 매체는 전 세계 곳곳에서 관찰되는 이상기후 현상을 보도하며, 기후변화가 미래 사회에 끼칠 악영향을 한목소리로 우려하고 있습니다.

전 세계는 지구 온도를 더 오르지 않게 하는 에너지원을 찾는 데 팔을 걷어붙였습니다. 기존의 화석연료를 대체할 새로운 에너지원을 '신재생에너지'라고 합니다.

신재생에너지는 '신에너지'와 '재생에너지'를 합친 단어입니다. '신에너지'는 화석연료가 아닌 새로운 기술로 만들어 낸 에너지를 가리켜요. 크게 수소에너지와 연료전지, 석탄 액화·가스화라는 3개 분야가 있습니다. 기존에 사용하던 화석연료를 단번에 없애기는 어렵기에 오염 물질을 줄이거나 에너지 효율을 높여 사용하는 것이죠. '재생에너지'는 에너지가 순환하는 지구 환경에서 계속 얻을 수 있는 자원을 뜻합니다. 태양광·태양열·풍력·수력·해양·지열·바이오·폐기물이라는 8개 분야로 나뉘어요.

## 깨끗하고 안전한 수소에너지와 연료전지

원자번호 1번인 수소는 우주에 존재하는 원소 중 가장 많습니다. 우주의 전체 질량에서 약 75퍼센트를 차지한다고 알려져 있죠. 수소가 폭발성을 지닌 기체라는 이야기는 과학 시간에 한 번쯤은 들어 봤을 거예요. 물은 산소와 수소로 이루어져 있죠? 산소는 불에 타는 걸 도와주는 성질을 지닌 조연성 기체이며, 수소는 불에 잘 타는 성질을 지닌 가연성 기체입니다. 그래서 성냥불에 수소 기체를 가까이 대면 '퍽' 소리와 함께 불이 붙어요. 보통 수소라 하면 수소폭탄을 떠올리기도 합니다. 하지만 수소폭탄은 1억 도 이상의 고온에서 핵융합이 일어나도록 만들어져 있어요. 일상에서 쓰는 에너지와는 다릅니다.

일상에서 접할 수 있는 대표적인 수소에너지는 '수소 연료전지'입니다. 물에 전기를 가해 분해하면 수소와 산소를 얻을 수 있는데, 이 과정을 반대로 하면 전기를 얻을 수 있습니다. 이 원리를 이용해 만든 장치가 바로 '연료전지'예요. 연료전지는 수소나 산소를 만나게 해서 전기를 만드는 발전기 같은 장치입니다. 꼭 수소만이 아니라 메탄올이나 천연가스 같은 다른 연료도 사용할

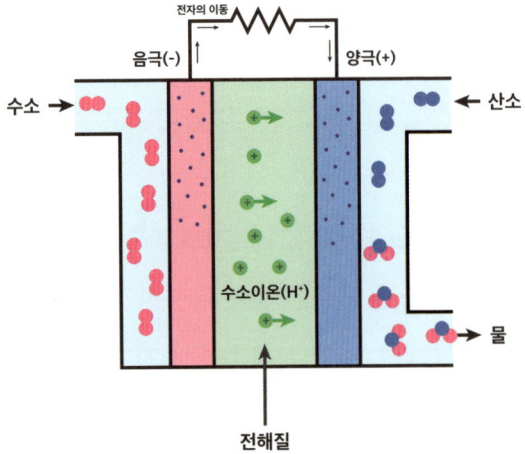

수소 연료전지의 원리

미래 에너지로 지구를 구한다면

수 있어요.

　수소 연료전지는 전극에서 일어나는 '산화·환원 반응'으로 에너지를 일으킵니다. 물질이 산소를 얻거나 전자를 잃는 반응을 '산화', 물질이 산소를 잃거나 전자를 얻는 반응을 '환원'이라고 불러요. 수소 연료전지의 작동 원리를 더 자세하게 살펴볼까요? 먼저 연료전지의 음극에 수소를 공급하고 양극에는 산소를 공급합니다. 음극에서는 수소가 전자를 잃어 산화되고, 양극에서는 산소가 전자를 얻어 환원되면서 물이 생겨납니다. 이때 수소에서 나온 전자가 회로를 따라 이동하면서 발생하는 전류로 전기에너지를 얻을 수 있습니다.

　연료전지 안에서 수소와 산소가 만나 화학반응이 일어나고 나면 오직 물만 남습니다. 이산화탄소가 전혀 발생하지 않기에 지구 환경을 해치지 않죠. 게다가 내연기관과는 달리 수소와 산소를 직접 태우지 않아서 폭발할 위험이 적어요.

### 더 많은 수소를 얻으려면

수소 연료전지의 원리를 살펴보니 정말 친환경적이죠? 그런데 수소는 우리가 사용하기 쉬운 형태로 자연계에 존재하지 않습니다. 공기는 대부분 질소와 산소로 이루어져 있어요. 공기 중에는 질소가 78퍼센트, 산소가 21퍼센트를 차지하고 수소는 매우 희박하게 포함되어 있죠. 게다가 자연환경에서 수소는 물이나 탄소

화학물의 형태로 결합해 있어서, 순수한 수소를 바로 얻는 일은 생각만큼 간단하지 않습니다. 그래서 에너지 발전에 사용할 수소는 대부분 화석연료를 처리하는 공정에서 생기는 것을 모아 얻습니다.

국제에너지기구IEA에 따르면 수소는 2020년을 기준으로 천연가스나 석탄에서 약 80퍼센트를 얻고 있으며, 나머지는 석유 화학·제철 공정에서 나오는 물질에서 얻습니다. 수소는 화석연료를 대체할 친환경 에너지이지만, 역설적이게도 대부분 화석연료에서 얻고 있는 것입니다.

과학자들은 화석연료 대신 지구 표면의 약 70퍼센트를 덮는 바닷물에서 수소를 얻는 기술을 연구하고 있습니다. '수전해'는 물을 전기 분해해서 수소와 산소를 얻는 방법입니다. 수전해로 얻은 수소를 '그린수소' 또는 '청정수소'라고 불러요. 그런데 그린수소는 전체 수소 생산량의 0.03퍼센트밖에 되지 않습니다. 수전해 기술을 실제로 활용하는 데 아직 비용이 많이 들기 때문이에요. 이 기술이 널리 쓰이고 그린수소가 일상에 정착하려면 시간이 걸릴 것으로 보입니다.

수소는 철강과 석유화학, 자동차 등 여러 공업 분야에서 활용되고 있습니다. 특히 철강 산업에서 수소가 유용하게 사용될 전망입니다. 철을 생산할 때 철광석에서 산소를 없애기 위해 코크스라는 탄소 물질을 주로 사용하는데, 코크스를 쓰면 이산화탄소

서울을 달리는 친환경 수소 버스

가 많이 발생합니다. 수소를 코크스 대신 쓰면 물만 발생해서 환경을 지킬 수 있어요.

## 석탄이 액체나 가스로 변신한다고?

전 세계가 전력을 만들 때 가장 많이 사용하는 연료는 석탄입니다. 기후위기를 막으려면 화석연료 사용을 줄여야 한다는데 많은 나라가 여전히 석탄으로 에너지를 생산하는 이유는 무엇일까요? 석탄은 여러 에너지원 중에서 가장 저렴하고 매장량이 풍부하며, 전 세계 곳곳에 비교적 고르게 매장되어 있습니다. 가장 손쉽게 얻고 사용할 수 있는 자원이죠. 언젠가 석탄도 재생에너지로 대체해야겠지만, 현실을 고려해 단계적인 변화를 시도하는 것도 중요합니다. 석탄을 액체나 기체로 바꾸는 '석탄 액화·가스화' 기술은 환경을 지키면서도 에너지 효율을 높이는 방법으로 주목받고 있습니다.

석탄을 액체로 바꾸면 휘발유나 디젤유 같은 고급 연료가 되고, 기체로 바꾸면 전력을 생산하는 자원이 됩니다. 딱딱한 고체 상태인 석탄을 어떻게 다른 형태로 바꿀 수 있을까요? 석탄에 산소와 증기를 넣고 뜨거운 열과 압력을 가하면 합성가스를 얻을 수 있습니다. 이 합성가스를 가스 터빈과 증기 터빈에 돌리면 전력을 생산할 수 있습니다. 철과 코발트 등의 촉매를 이용하면 액체 형태로도 바꿀 수 있어요. 합성가스에 암모니아를 합치면 비

료를 만드는 원료로도 사용
할 수 있답니다.

석탄을 가스로 바꿀 때는
대기오염의 원인이 되는 황
과 이산화탄소를 분리해요.
그래서 석탄 가스화 기술로
만든 디젤유에는 유황 성분

> **촉매**
>
> 어떤 화학 반응을 빠르게 또는 느리게
> 하는 물질을 뜻합니다. 예를 들어 수소
> 와 산소를 결합해 물을 만들 때 백금을
> 촉매로 이용하면 더욱 빠르게 물을 만
> 들 수 있습니다. 촉매가 되는 물질은 반
> 응 후에도 변하지 않습니다.

이 거의 없습니다. 또 기존 원유로 만든 디젤유보다 더 불이 잘
붙는다는 특성도 있습니다. 태안에 있는 석탄 가스화 발전소는
먼지나 가루의 발생량이 0일 정도로 오염 물질을 거의 배출하지
않는다고 합니다.

# 재생에너지는 한계를 몰라

화석연료는 중동을 비롯한 특정 국가에 많이 묻혀 있어서 국제 사회의 정치·경제적 요인에 따라 가격이 오르락내리락해요. 우리나라는 에너지 수입 의존도가 높은 국가로, 석탄과 석유 대부분을 해외에서 사들입니다. 만약 자원을 생산하는 나라에서 수출을 멈추면 우리나라의 에너지 수급이 굉장히 위태로워질 거예요. 화석연료 대신 태양열이나 바람, 물 등 순환하는 지구 환경에서 얻는 재생에너지를 활용하면 어떨까요? 우리나라의 지리와 환경에 따른 재생에너지를 개발한다면 에너지 안보를 튼튼히 할 수 있을 것입니다. 환경을 오염시키지 않는 지속 가능한 개발을 할 수 있는 건 물론이고요.

## 빛과 열을 모으고 모아, 태양에너지

태양은 지구의 모든 생명을 떠받들고 자원이 순환하게 합니다. 바람, 물 등 지구의 모든 에너지가 사실상 태양에서 비롯한다고 할 수 있죠. 태양에너지는 지구 어디에서나 무한하게 사용할 수 있지만, 기상 조건에 좌지우지된다는 단점이 있습니다. 태양이 구름에 가린 날에는 태양에너지로 생산할 수 있는 전력의 양이 적어지겠죠?

맑은 날 돋보기로 빛을 모아 종이를 태워 본 경험이 있을 거예요. '태양열 발전'을 하려면 빛을 모으는 돋보기 역할을 하는 장치인 '집열판'이 필요합니다. 태양에서 나오는 에너지의 양은 많지만, 지구에 도달하는 에너지의 밀도는 그리 크지 않기 때문입니다. 집열판은 태양의 고도와 방향에 따라 회전하거나 기울어져 에너지를 최대한 많이 모은답니다. 집열판에 모은 열로 물을 데우면 물의 온도가 높아지면서 증기가 생겨요. 이렇게 발생한 수증기를 이용해 터빈을 회전시켜 전기를 얻습니다. 태양열로 생산한 전기는 난방뿐 아니라 여러 전기제품에도 사용할 수 있습니다. 거울을 이용하는 '집광형 태양열 발전' 방식도 있습니다. 햇빛을 거울로 반사해 길쭉한 탑 모양의 집광기에 열을 모은 다음, 그 열로 전기를 생산합니다.

한편 '태양광 발전'은 햇빛이 닿으면 바로 전기를 만들어 내는 '태양전지'를 사용해요. 전류가 흐르면서 빛을 내는 LED 전구와

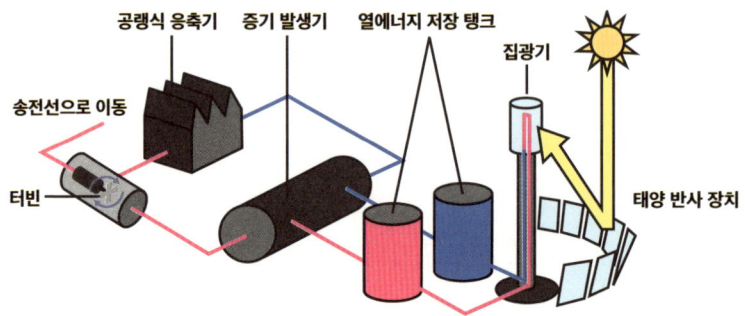

**송전선으로 이동**  **공랭식 응축기**  **증기 발생기**  **열에너지 저장 탱크**  **집광기**

**터빈**

**태양 반사 장치**

집광형 태양열 발전의 원리

는 반대로, 빛에너지로 전류가 흐른다고 생각하면 됩니다. 태양전지 안에는 'P형 반도체'와 'N형 반도체'라는 두 가지 재료가 붙어 있습니다. 쉽게 말하면 전기를 만드는 것을 돕는 재료들이에요. 햇빛이 태양전지에 닿으면, 그 안에 있던 전자가 빛의 힘을 받아 자유롭게 움직일 수 있게 됩니다. 그러면 전자가 원래 있던 자리에는 빈 공간이 생기고, 전자는 반대쪽으로 이동해요. 이 전자와 빈 자리의 위치가 서로 반대 방향으로 바뀌면서 전류, 즉 전기가 생겨나는 것입니다.

태양전지는 아주 작은 조각으로 되어 있는데, 이 조각 하나를 셀cell이라고 불러요. 셀 하나가 만들어 내는 전기는 보통 0.5볼트 정도예요. 이 전압만으로는 전자 제품을 움직이기에 턱없이 부족하죠. 그래서 셀 여러 개를 연결해서 더 큰 전기를 만듭니다. 이렇게 여러 셀을 모아 만든 것을 '태양전지 모듈'이라고 합니다. 태양전지는 주로 실리콘이라는 재료로 만드는데, 현재 가장 널리 쓰는 제품은 태양에너지의 약 15퍼센트만 전기로 바꿀 수 있습니다.

태양의 빛과 열은 무한하지만, 태양에너지로 전기를 만드는 일은 생각만큼 쉽지 않습니다. 발전소를 지으려면 넓은 땅과 많은 비용이 필요합니다. 게다가 날씨에 따라 전기 생산량이 달라져요. 최근에는 날씨를 예측하는 인공지능 기술로 전력량의 들쑥날쑥한 변화에 대비하는 방법을 개발하고 있습니다.

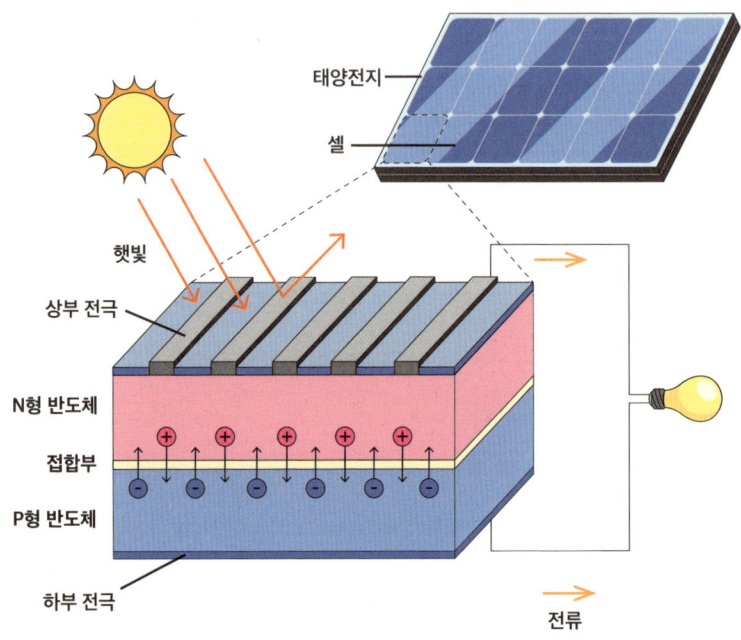

태양전지

셀

햇빛

상부 전극

N형 반도체

접합부

P형 반도체

하부 전극

전류

태양전지의 원리

## 바람 한 자락도 놓치지 마, 풍력에너지

풍력 발전은 아주 오랜 역사를 지니고 있습니다. 1891년 덴마크에서 처음 바람으로 전기를 만드는 터빈이 만들어졌어요. 현재 풍력에너지는 여러 재생에너지 중에서도 비용이 적게 들고 안정적으로 사용할 수 있는 자원으로 꼽힙니다. 그런데 바람은 산맥과 바다 등 지역의 특성에 따라 변화가 커요. 어떤 지역에서는 바람이 세게, 많이 불고 어떤 지역에서는 바람이 적죠. 풍력에너지로 전기를 만들려면 어떤 지리 조건이 필요한지 살펴볼까요?

바람은 태양이 땅을 데우면서 생기는 온도 차로 공기가 움직이면서 만들어집니다. 바람이 충분히 부는 지역을 고르려면 시시각각 변하는 바람을 일정한 시간에 정확히 측정해야 합니다. 풍력에너지 발전소를 세우려면 바람이 초당 6미터 정도, 그러니까 1초에 학교 운동장 길이의 5분의 1 정도를 이동하는 꽤 센 바람이 꾸준히 불어야 합니다. 주로 산과 산 사이의 계곡이나 높은 평지, 산등성이가 드러난 곳, 바닷가 지역이 좋습니다. 우리나라에서는 주로 강원 산간, 남해안, 제주 지역에서 이런 조건에 맞는 풍력에너지 발전소를 찾을 수 있습니다.

바람이 잘 부는 지역은 여러분이 직접 확인해 볼 수도 있어요. 신재생에너지데이터센터 홈페이지에는 재생에너지 자원이 분포된 지역을 표시한 지도가 있습니다. 이 사이트에서 전기를 생산할 수 있을 만큼 바람이 부는 지역을 살펴볼 수 있습니다.

미국 아이다호의 풍력 발전기

　미래 에너지로 지구를 구한다면

너무 강한 바람도 좋지 않습니다. 풍력 발전에 가장 알맞은 바람 속도는 시속 10~90킬로미터 정도입니다. 바람이 너무 세면 터빈이 위험해질 수 있어서입니다. 바람이 불면 발전기의 날개가 돌아가는데, 이 날개의 모양과 각도는 바람의 힘을 가장 잘 활용할 수 있도록 설계되어 있죠. 그리고 날개가 돌아가면 뒤쪽으로 바람이 생기기 때문에, 발전기는 서로 충분한 간격을 두고 설치합니다. 날개가 돌면서 생기는 힘은 그 힘을 전기를 만드는 데 알맞게 바꿔 주는 장치인 기어박스를 거쳐 발전기로 전달됩니다. 기어박스는 자전거와 기어와 같은 역할을 합니다. 바람이 불어 돌아가는 날개의 속도를 발전기에 딱 맞는 속도로 조절해 줍니다. 이렇게 만들어진 전기는 전력망을 통해 가정에 공급됩니다.

최근에는 풍력에너지로 전기뿐만 아니라 그린수소를 생산하는 연구도 이루어지고 있습니다.

### 인류의 오랜 에너지 친구, 수력에너지

물은 중력 때문에 언제나 높은 곳에서 낮은 곳으로 흐릅니다. 이 물의 흐름, 즉 물의 높이 차를 이용하면 전기를 만들 수 있습니다. 수력 발전의 원리는 단순하지만 효과가 뛰어나 아주 오래전부터 사용되어 왔어요. 예를 들어, 물레방아는 전통적인 수력 발전기입니다. 놀랍게도 무려 2,000년 전 고대 그리스에서는 물레방아를 돌려 곡물을 빻았다는 기록이 있답니다. 지금도 전 세계

미국 애리조나와 네바다 경계에 있는 후버 댐

미래 에너지로 지구를 구한다면

는 하천이나 호수 등에서 물의 위치에너지로 전기를 얻고 있습니다. 이산화탄소도 적게 배출하니 물은 정말 고마운 에너지죠?

수력 발전은 댐의 수문이 열리면 길어도 5분 만에 전기를 만들어 냅니다. 수개월에 걸쳐 물을 충분히 저장하고 나면 필요할 때 빠르게 전력을 생산해 낼 수 있는 것이죠. 댐은 한 번 건설하고 나면 물 외에 다른 연료를 더 들일 필요가 없고, 수명이 50~100년 정도로 길어서 다른 발전소보다 유지 비용이 적습니다. 커다란 댐은 전력을 만들어 낼 뿐 아니라 농사에 필요한 물을 공급하고 홍수를 막아 주기도 하며, 훌륭한 관광 자원이 되기도 해요.

그런데 수력에너지도 쉽게 사용할 수 있는 에너지원은 아닙니다. 전기를 만들기 위해서는 물이 매우 많이 필요한 데다 발전소를 짓는 데 시간과 비용이 많이 들어요. 거대한 댐과 발전기는 강이나 호수의 생태계에도 큰 영향을 주고요. 수력 발전소를 짓고 돌리는 데 큰돈을 투자하기 어려운 국가나 지역에서는 '소수력 발전'에 더 관심을 두기도 합니다. 이는 댐 없이 산속의 하천이나 폭포를 이용해 전기를 만드는 방식입니다. 온실가스를 배출하지 않는 데다 자연물을 그대로 이용하기에 환경 훼손이 적다는 장점이 있습니다. 다만 지역에 제약이 있고 한꺼번에 많은 양의 전기를 만들기는 어렵습니다.

우리나라에서는 주로 원자력이나 화력으로 전기를 만들고, 수력은 적게 쓰는 편이에요. 최근 우리나라의 한 스타트업이 휴대

스위스의 소수력 발전 댐

　미래 에너지로 지구를 구한다면

용 수력 발전기를 개발해 주목받기도 했습니다. 커다란 댐이나 장비가 있어야만 수력 발전을 할 수 있다는 고정관념을 깨는 시도였죠. 흐르는 물에 이 제품을 넣으면 터빈이 돌아가며 전기를 만들어요. 이렇게 만든 전력은 내장 배터리에 저장해 두었다가 USB 포트로 다양한 기기에 공급할 수 있습니다. 이 제품은 5시간 동안 스마트폰을 최대 3번 충전할 수 있는 전기를 만들어 낸다고 해요. 터빈 날개가 접이식이어서 가지고 다니기도 편합니다. 손에 들고 다니는 수력 발전기가 있다면 누구나 어디서든 전기를 만들어 낼 수 있겠죠? 환경을 헤치지 않아 지속 가능하면서 사용하기 편리한 에너지 기술은 미래에도 꾸준히 등장할 것입니다.

### 철썩철썩 파도의 힘, 해양에너지

해양에너지는 바닷물이 흐르면서 생기는 에너지로, 지구 주변의 천체 활동과 밀접한 관련이 있습니다. 바다의 밀물과 썰물은 태양과 달, 지구가 움직인 결과로 생기는 현상이기 때문입니다. 천체는 일정한 주기로 움직이기에 해양에너지로 만드는 전력은 그 양을 예측하기 쉽습니다.

해양에너지에는 여러 형태가 있습니다. '파력 발전'은 파도의 힘을, '해류 발전'은 해류의 흐름을 이용해 전력을 생산하는 방식입니다. 바닷물의 높이가 올라갔다가 내려가는 조석 현상을 활용하는 '조력 발전', 조석으로 바뀌는 바다의 흐름을 이용하는 '조류 발전'도 있습니다. 바닷물과 민물의 염도 차이나 해양 생물을 이용해 에너지를 얻을 수도 있답니다.

우리나라 서해안은 밀물과 썰물의 차이가 커서 해양에너지를 활용하기 좋아요. 그런데 조력으로 에너지를 얻으려면 바닷물을 가둘 수 있어야 해요. 밀물과 썰물의 차이가 크며 막힌 형태의 하구나 만이 좋습니다. 발전소는 지리 조건이 맞아야 지을 수 있는 데다 건설 비용이 많이 들고, 해양 생태계에도 영향을 많이 줄 수밖에 없습니다. 그러니 여러 과학적 분석을 거쳐 신중히 세워야 합니다. 서해안에 있는 시화호 조력 발전소는 세계에서 가장 큰 규모의 조력 발전소입니다. 2011년부터 가동되어 온 이곳에서는 밀물이 들어오는 곳에서 터빈을 돌리고, 썰물 때 수문 밖으로 바닷물을 내보내 에너지를 얻습니다.

시화호는 1994년 바닷물을 막아 만든 인공호수입니다. 처음에는 에너지 발전을 위해서가 아니라 농업과 공업에 필요한 물을 확보하기 위해 만들었습니다. 높은 둑으로 바다가 완전히 막히자 사람들은 시화호를 '죽음의 호수'라 부르며 환경 오염을 걱정했습니다. 실제로 이곳의 수질 오염이 심각해져 당시 굉장한 사회 문제로 떠올랐어요. 그러나 조력 발전소가 건설되며 상황이 달라졌습니다. 발전소의 터빈을 돌리고 수문을 열어 고여 있던 바닷물을 다시 흘려보낼 수 있게 되었거든요. 시화호 주변으로 다양한 관광지도 개발되어 이곳은 많은 관광객과 낚시, 자전거 동호

시화호의 방조제

인이 찾는 명소로 탈바꿈했습니다.

한편 조류 발전은 밀물과 썰물이 빠르게 흐르는 곳에서 바닷물의 운동에너지로 전기를 생산하는 방식입니다. 앞서 살펴본 조력 발전과는 달리 방조제가 필요 없어서 환경을 파괴할 위험이 덜한 기술이에요. 정확한 발전량 예측이 가능한 것도 장점입니다. 국내에서 조류 발전에 적합한 해역은 주로 서·남해안에 있는데, 전라도의 울돌목 조류 발전소가 대표적인 곳입니다. 그런데 많은 해역이 배가 다니는 항로나 양식장으로 이용되고 있기에, 조류 발전소를 세우기 위한 사회적 합의가 쉽지만은 않습니다. 어업 종사자, 해운업 종사자 등 다양한 사람의 이해관계를 고려해야 하죠.

파력, 온도 차, 염도 차를 이용해 에너지를 만드는 시설은 비교적 규모가 작아서 환경에 미치는 영향이 적다고는 하지만, 새로이 연구되는 기술인 만큼 과학적이고 객관적인 자료는 아직 부족합니다. 그동안 해양에너지는 풍력이나 태양광 분야만큼 활발하게 연구되지 못했지만, 지속 가능한 발전이 전 세계의 목표가 되면서 그 중요성이 커지고 있습니다.

# 에너지는 우리 발밑에도 있어

우리가 서 있는 땅 밑에도 에너지가 있을까요? 결론부터 말하자면 있습니다. 그것도 많이, 엄청나게 뜨겁게요! 우주에서 지구가 처음 만들어질 때로 거슬러 올라가 볼까요? 약 46억 년 전 지구는 우주 먼지와 바위 조각들이 서로 부딪히고 모여 만들어졌습니다. 먼지와 돌 조각이 부딪히며 만들어 낸 열과 압력으로 지구 중심부는 매우 뜨거워졌습니다. 지구가 탄생한 지 수십억 년이 지난 지금도 가장 깊숙한 중심부 온도는 무려 6,000도에 이르는 것으로 알려져 있습니다. 지구 내부 깊숙한 곳의 방사성 원소가 붕괴하면서 나오는 열 때문에 땅속으로 깊이 들어갈수록 온도가 높아지게 됩니다. 지진이나 화산활동이 세계 곳곳에서 일어나는 건 땅속의 뜨거운 열이 이동하기 때문이에요.

지구의 중심부로 100미터 내려갈 때마다 땅속 온도는 2.5~3도씩 높아집니다. 지하 3킬로미터 지점에서 이미 100도가 넘죠. 한반도는 활화산의 활동이 드문 비화산지대에 속합니다. 그래서 비교적 얕은 깊이의 땅에서 '저온 지열'을 이용하기에 적합합니다. 특히 지하 150~300미터 깊이의 지열은 평균 약 15도로, 1년 내내 안정적인 난방 자원으로 사용할 수 있어요.

### 365일 24시간 가동, 지열에너지

빗물과 바닷물이 땅에 스며들면 땅속의 열로 데워져서 뜨거운 물과 증기가 됩니다. '지열 발전'은 이렇게 뜨거운 물과 증기를 연료 삼아 전기를 생산하는 기술입니다. 자연계가 순환하는 원리에 따라 빗물은 땅에 스며들고 증발하는 과정을 무한히 반복합니다. 그래서 지열은 고갈되지 않는 재생에너지라고 할 수 있죠. 땅속 온도에 따라 온천이나 난방 에너지로도, 물고기를 양식할 때도 활용할 수 있답니다.

　지열 발전은 화산활동이 활발하거나 온천이 발달한 지역에서 주로 이뤄져요. 땅을 탐사하고 발전소를 세울 위치를 고르는 데는 꽤 많은 시간과 비용이 듭니다. 하지만 지열은 온실가스를 거의 배출하지 않는 데다 날씨나 계절의 영향을 받지 않고 365일 24시간 동안 안정적으로 가동할 수 있습니다.

　지열 발전 기술이 더 발전하면 지리적인 제약도 극복할 수 있

뉴질랜드의 지열 발전소

을 전망입니다. 땅속에서 뜨거운 물을 인공적으로 생산하는 기술은 1970년대 초 미국에서 처음 개발되었어요. 수 킬로미터만큼 땅속을 파낸 다음 물을 주입해 압력을 넣는 이 기술은 지층을 훼손해 지진을 낼 위험이 있습니다. 그러나 지리에 구애받지 않고도 지열을 생산할 수 있다는 게 큰 장점이에요. 과학자들은 자연재해를 일으킬 위험을 줄이고 비용 면에서도 경쟁력을 갖추기 위한 연구를 계속하고 있습니다.

### 쓰레기에도 에너지가 있다고?

쓰레기는 음식물과 종이, 플라스틱, 금속, 유리, 비닐 등 여러 형태로 매일 생겨나고 있어요. 넘쳐나는 쓰레기를 일상에서 활용할 수 있는 에너지로 바꿀 수 있다면 얼마나 좋을까요?

우리나라뿐 아니라 전 세계에서 쓰레기의 양은 매년 늘어나고 있어요. 인류가 활발하게 물건을 생산하고 소비 활동을 하는 한 쓰레기는 끊임없이 생길 수밖에 없습니다. 폐자원에서 얻는 에너지는 탄소 배출량을 줄이는 데 도움이 됩니다. 물건을 재활용함으로써 환경 오염을 막고 에너지가 부족한 문제도 어느 정도 해결할 수 있죠.

지구온난화를 불러오는 온실가스에는 이산화탄소 말고도 메탄이라는 기체가 있어요. 메탄은 온실 효과가 이산화탄소보다 20배 이상 강력하답니다. 쓰레기 매립지에서 음식물, 종이 등의 다양한 쓰레기가 썩으며 발생하는 메탄을 모아 연료로 쓰면 온실가스를 크게 줄일 수 있습니다.

쓰레기는 불에 타는 성질을 지닌 가연성과 불에 타지 않는 불연성으로 분류할 수 있습니다. 이 중에서 에너지를 재생산해 낼 수 있는 건 가연성 쓰레기예요. 가연성 폐기물은 생물에서 비롯한 자원과 화석연료에서 나온 자원으로 다시 나눌 수 있습니다. 둘 중에서는 생물에서 나온 폐기물을 에너지로 재생할 수 있어요. 태우거나 분해해서 유용한 에너지원으로 탈바꿈시킬 수 있습니다.

## 지구 생물의 선물, 바이오에너지

낯선 무인도에 떨어지는 상상을 한번 해볼까요? 보일러도 난로도 없는 밤에 추위를 이겨 내려면 어떻게 해야 할까요? 가장 쉬운 방법은 나뭇가지에 불을 붙여 태우는 것이죠. 촉촉하게 젖은 나무에는 불이 잘 붙지 않지만, 마른 나무에는 쉽게 불이 붙습니다. 이처럼 생명력을 다한 나무는 훌륭한 에너지원이 되기도 합니다. '바이오에너지'는 죽은 동식물에게서 얻을 수 있는 고체·액체·기체 형태의 연료나 에너지를 의미해요. 농작물, 가축의 똥과 오줌, 음식물 쓰레기도 바이오에너지가 될 수 있어요.

사실 바이오에너지를 쓰면 공기 중으로 이산화탄소가 나오긴 합니다. 그런데도 재생에너지로 분류하는 이유는 무엇일까요?

나무의 잔해를 압축해 만든 목재 펠릿

생태계 순환의 출발점이 되는 식물이 자랄 때 광합성으로 이미 공기 중의 이산화탄소를 흡수해 두었기 때문입니다. 바이오에너지를 태우며 나오는 이산화탄소는 새로 생기는 게 아니라, 원래 있던 걸 다시 돌려보내는 것으로 이해해요.

식물과 동물, 미생물 등 지구 생물체의 총량을 '바이오매스'라고 부릅니다. 햇빛으로 자라는 식물, 이 식물을 먹는 동물, 그리고 죽은 동식물을 양분 삼아 번식하는 미생물까지 생태계를 순환시키는 생물의 총 덩어리를 뜻하죠. 지구에서 1년 동안 발생하는 바이오매스는 무려 1,550억 톤으로, 석유 매장량과 맞먹는다고 해요. 자연에 여러 형태로 풍부하게 존재하며 훌륭한 에너지원이 되어 줍니다. 바이오매스는 가스나 에탄올, 기름처럼 기체나 액체 형태로 활용할 수도 있고 땔감, 숯 등의 고체 연료로 만들 수도 있습니다. 항공기 연료로도 주목받고 있습니다. 전기에너지나 수소에너지로는 기존의 항공유를 대체하기 어려웠는데, 친환경 연료로서는 바이오에너지가 가장 현실적인 대안으로 떠오르고 있답니다. 최근 정유 회사들이 항공유 개발에 적극적으로 뛰어들고 있어 바이오에너지 시장은 앞으로 더 커질 전망입니다.

### 세대를 거듭해 진화하는 에너지

바이오에너지는 원료의 기원과 생산 방법에 따라 분류합니다. 기술이 발전하면서 더욱 다양한 형태로 변신할 수 있게 되었죠. 1세대는 설탕이나 전분, 팜유 등 식물성 기름으로 사용하는 형태를 말합니다. 사탕수수와 옥수수 등의 농작물을 원료로 삼아, 저렴한 비용으로 비교적 간단한 공정을 거쳐 만들 수 있어요. 그러나 원료를 얻기 위해서는 미국이나 브라질처럼 드넓은 땅이 필요합니다. 국토의 약 64퍼센트가 산지인 우리나라는 넓은 평지가 부족해 1세대 바이오에너지를 개발하기에 적합한 환경이 아닙니다. 그리고 원료를 얻기 위해 땅을 개척하는 과정에서 숲을 훼손할 위험이 있습니다. 나무가 사라진 숲이 원래대로 회복하는 데는 긴 시간이 필요하기 때문에 1세대 바이오에너지가 오히려 기후위기를 앞당긴다는 비판도 있습니다.

2세대 바이오에너지는 베어 낸 농작물이나 나무에서 나오는 물질을 이용하는데, 원료를 추출하는 과정이 복잡하다는 단점이 있습니다. 3세대 바이오에너지는 물에 서식하는 조류를 원료로 삼는 것으로 2세대보다 좀 더 손쉽게 가공할 수 있어요. 바닷물과 이산화탄소, 태양광을 에너지원으로 삼기 때문에 환경을 훼손하지도 않습니다.

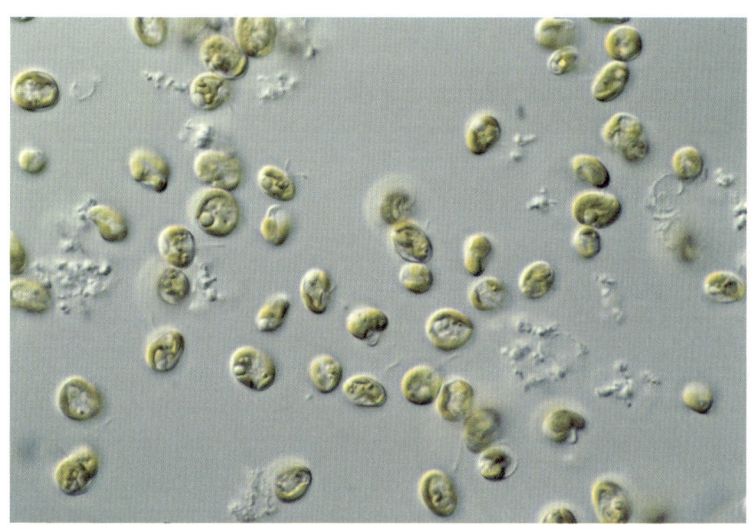

바이오에너지로 활용할 수 있는 미세조류

# 핵에너지로 태양을 만든다면

'핵에너지'라는 말을 들어 본 적이 있나요? 어려운 물리학 용어라는 생각이 들거나 위험한 핵폭탄이 떠오르나요? 핵에너지는 우주를 움직이는 힘입니다. 태양과 같은 별들이 밝은 빛과 열을 내게 하는 에너지입니다.

모든 물질은 '원자'라는 아주 작은 입자로 이루어져 있습니다. 원자는 마치 태양계처럼 생겼어요. 행성들이 태양 주변을 돌듯, 원자 중심에 원자핵이 있고 그 주위를 전자가 돌고 있습니다. 원자핵은 양성자와 중성자라는 입자들로 이루어져 있고, 원자의 전체 질량은 대부분 이 원자핵에 집중되어 있습니다. 원자핵 속의 양성자는 모두 양의 전하를 띠고 있어서 서로 밀어내려는 전기적인 반발력을 갖지만, 원자핵이 안정적으로 유지되는 것은 '핵력'이라는 아주 강한 힘이 이들을 단단히 붙잡고 있어서 가능합니다. 이 힘은 전기적인 반발력보다 훨씬 강하지만, 아주 가까운 거리에서만 작용합니다. 중성자는 전하를 띠지 않아서 양성자들이 원자핵 속에서 단단하게 뭉치도록 도와줍니다.

### 별빛의 힘, 핵에너지

강한 힘으로 묶인 원자핵이 다른 원자핵으로 변하는 '핵반응'을 할 때 내보내는 에너지가 바로 핵에너지입니다. 핵반응에는 두 가지 방식이 있습니다. 첫 번째는 '핵분열'로 큰 원자핵이 둘 이상으로 쪼개지면서 에너지를 내는 것입니다. 우라늄이나 플루토늄 같은 무거운 원소에서 일어나고, 현재 원자력 발전소에서 에너지를 생산하는 방식입니다. 두 번째는 '핵융합'으로 아주 가벼운 원자들이 모여 하나의 더 큰 원자핵이 되면서 에너지를 내는 방식이에요. 태양에서 일어나는 핵융합이 가장 대표적입니다.

원자력 발전소에서는 우라늄-235라는 원소의 핵분열 반응으로 전력을 생산하고 있습니다. 중성자를 흡수한 우라늄-235의 원자핵은 2개의 더 작은 원자핵으로 쪼개지며 엄청난 에너지를 뿜어내요. 우라늄-235이 중성자를 만나면 바륨-141, 크립톤-92, 그리고 중성자 3개를 생성해요. 이때 약 200메가전자볼트$^{MeV}$, 즉 $3.2×10^{-11}$줄$^J$의 에너지가 나옵니다. 이때 빠져나온 중성자들은 다른 우라늄-235 원소에도 반응을 일으켜요. 그래서 핵분열이 연쇄적으로 일어나게 됩니다.

한편 뜨겁고 압력이 높은 태양의 중심부에서는 수소 원자들이 결합해 하나의 헬륨 원자핵이 되는 수소 '핵융합' 반응이 끊임없이 일어납니다. 수소 4개가 헬륨, 양전자 2개, 중성미자 2개로 바뀌면서 약 26.7메가전자볼트가 만들어집니다. 한 번의 반응에서 생기는 에너지는 원자력 발전소의 핵분열보다 작지만, 같은 무게로 비교하면 핵융합이 훨씬 효율적이에요. 게다가 위험한 방사성 폐기물도 거의 나오지 않아서 핵융합은 미래의 깨끗한 에너지를 만드는 방법으로 큰 기대를 받고 있습니다.

질량 1킬로그램당 방출되는 에너지를 비교하면 핵융합의 효율이 얼마나 높은지 잘 이해할 수 있습니다. 우라늄 1킬로그램이 $8.2×10^{13}$줄의 에너지를 발생시키는 반면, 수소 핵융합으로는 $6.4×10^{14}$줄에 달하는 에너지가 만들어집니다. 같은 양으로 비교하면 핵융합이 핵분열보다 약 8배 더 많은 에너지를 생산해 내는 것이죠. 즉 핵융합의 에너지 밀도가 훨씬 높은 것입니다.

### 지구에서 인공태양을 만든다면

지구상의 거의 모든 에너지는 태양에서 비롯합니다. 태양이 에너지를 만들어 내는 방식, 즉 수소 원자핵들이 모여 에너지를 방출하는 핵융합 반응을 인공적으로 구현한다면 어떨까요? 태양에너지를 사람의 손에서 무한히 생산해 낼 수 있을 것입니다. 현재

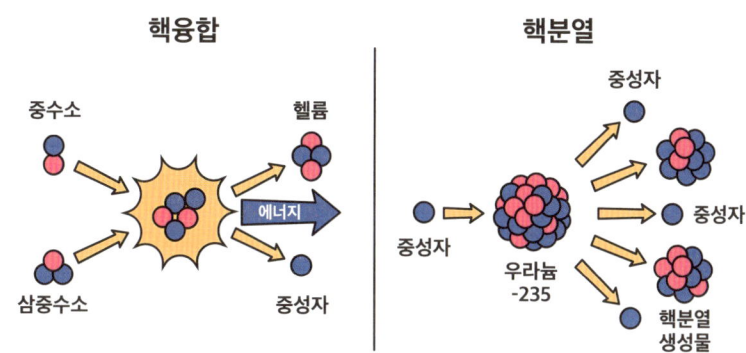

핵융합과 핵분열 비교

세계 여러 나라에서는 핵융합 에너지를 실제 일상에서 활용하기 위한 연구를 진행하고 있습니다.

태양에서는 수소 원자핵 4개가 모여 헬륨 원자핵을 형성하는데, 지구의 과학자들은 중수소와 삼중수소를 이용한 핵반응을 주로 연구하고 있습니다. 중수소와 삼중수소 1그램의 핵융합으로 얻는 에너지는 석유 8톤에 해당하며, 이는 우라늄 1그램의 핵분열로 얻을 수 있는 에너지의 4배에 달합니다.

중수소와 삼중수소는 바다에서 얻을 수 있습니다. 특히 삼중수소는 리튬이라는 물질을 중성자와 반응시키면 얻을 수 있는데, 리튬은 바닷물에 매우 풍부해요. 지구 바다에는 무려 1,500만 년 동안 쓸 수 있는 리튬이 있다고 합니다. 그래서 과학자들은 바다를 삼중수소가 무한하게 보관되어 있는 창고라고 생각합니다. 또 핵융합은 폭발할 위험도 적습니다. 그러나 아직은 기술적 한계가 많아서 핵융합 에너지를 일상에서 활용하려면 긴 시간이 필요할 것으로 보입니다.

핵융합 장치를 가동하기 위해서는 장치의 온도를 매우 뜨겁게 높여야 할 뿐만 아니라, 입자의 밀도를 높게 유지해야 합니다. 그리고 그 입자를 가두는 기술도 꼭 필요하죠. 그런데 온도를 높이다 보면, 입자를 가둔 장치가 녹아 버리는 문제가 발생합니다. 담아 둘 그릇이 사라지는 것이죠. 이러한 문제를 해결하려면 물질이 아닌 비물질 상태의 장치가 필요합니다.

과학자들은 입자를 '플라즈마' 상태로 만들어 자기장 안에 가두는 방법을 고안해 냈습니다. 매우 뜨거운 온도에서 플라즈마 상태로 존재하는 입자들은 전기를 띠고, 자기장 안에서 강한 힘을 받

> **플라즈마**
>
> 기체 안에 있는 원자들이 높은 에너지를 받아 전자와 원자핵이 떨어져 나간 상태를 뜻합니다. 고체, 액체, 기체에 이은 제4의 물질 상태예요. 아주 뜨거운 상태여서 플라즈마 안에는 전기가 통하는 입자가 많습니다.

아 움직입니다. 이런 특성을 이용해 플라즈마를 자기장 안에 가두는 장치를 '토카막'이라고 부릅니다.

핵융합 반응이 안정적으로 일어나려면 섭씨 1억 도가 넘는 플라즈마 상태를 5분 정도 유지해야 해요. 플라즈마의 밀도, 온도, 그리고 가둬 두는 시간 또한 적절해야 하는데, 지금은 여러 실험을 통해 실현 가능성을 시험해 보는 단계입니다. 2025년 프랑스의 핵융합 시설인 웨스트WEST는 5,000만 도의 플라즈마 상태를 22분 동안 유지하는 데 성공했습니다. 이는 이전에 중국의 토카막 시설인 이스트EAST가 세운 18분을 넘어서는 기록이에요.

### 인류 역사상 가장 큰 과학 연구

핵융합 기술에는 아직 해결해야 할 과제가 많습니다. 여러 국가의 과학자들이 함께 머리를 맞대면 어려운 연구가 더 수월해지겠죠? 국제사회는 '국제 핵융합 실험로'라는 인류 역사상 가장 큰

프랑스의 토카막 시설인 웨스트

미래 에너지로 지구를 구한다면

과학 프로젝트를 시작했어요. 우리나라를 비롯해 미국·유럽연합·일본·러시아·중국·인도 등 많은 국가가 참여하고 있습니다. 유럽연합에 포함된 나라를 하나씩 세어 보면 핵융합 실험에 함께하는 나라는 총 34개국이나 됩니다. 참여국의 인구를 합쳐 보면 인류의 거의 반 이상이 이 프로젝트를 지지하며 거대한 인공태양 장치를 건설하는 데 참여하고 있는 것입니다.

우리나라도 핵융합의 시대를 여는 데 앞장서고 있습니다. 한국핵융합에너지연구원은 '한국의 인공태양'이라 일컫는 케이스타 KSTAR라는 장치를 개발했습니다. 이 장치는 2023년 말부터 2024년 초까지 진행한 실험에서 1억도 이상의 고온 플라즈마 상태를 48초 동안 유지했습니다. 최근에는 인공지능을 이용해 실시간으로 장치를 제어하는 기술도 도입해 성능이 한층 더 좋아졌어요. 핵융합 장치는 전 세계에서 계속 연구되고 있으니, 인류가 꿈꾸는 무한하면서도 청정한 에너지의 시대는 어쩌면 빠르게 현실로 다가올 수도 있을 것입니다.

우리가 매일 타고 다니는 자동차, 집을 따뜻하게 해주는 보일러, 전기를 만드는 발전소……. 이 모든 곳에서 화석연료가 사용됩니다. 하지만 화석연료를 태우면 미세먼지와 이산화탄소, 질소산화물 등 다양한 오염 물질이 발생해 대기오염과 지구온난화의 원인이 되죠. 이런 문제를 해결하기 위해 노력하는 사람이 바로 '연료청정화 연구원'입니다.

연료청정화 연구원은 연료가 타면서 생기는 오염 물질을 줄이는 기술을 개발합니다. 예를 들어 석유나 석탄 같은 화석연료에서 황이나 질소 같은 유해 성분을 없애거나, 바이오연료와 같은 친환경 대체제를 개발해요. 자동차나 발전소에서 나오는 배기가스를 정화하는 촉매나 거름 장치를 개발하기도 합니다.

한 연구 팀이 커피 찌꺼기를 재료로 '바이오디젤'을 만드는 실험을 했습니다. 바이오디젤은 식물성 기름이나 동물의 지방으로 만든 친환경 연료예요. 연구 팀은 우리가 버리는 커피 찌꺼기에 든 기름 성분으로 자동차 연료를 만드는 데 성공했습니다. 이 기술은 음식물 쓰레기를 줄이는 동시에 친환경 연료를 생산하는 방법으로 큰 주목을 받았습니다.

연료청정화 연구원들은 오랜 실험 끝에 디젤 자동차의 배기가스에서 나오는 질소산화물을 줄이는 방법도 개발해 냈습니다. '요소수'라는 액체를 사용하는 이 기술은 많은 트럭과 버스에 적용되어 대기오염을 크게 줄이고 있습니다. 실제로 유럽에서는 이 기술 덕분에 대기 중 질소산화물 농도가 눈에 띄게 줄었다는 보고가 있습니다.

이 분야에서 일하기 위해서는 화학과 환경, 에너지 분야에 걸친 지식이 필요합니다. 실험을 설계하고 데이터를 분석하는 능력, 새로운 기술을 탐구하는 창의력, 그리고 팀원들과 협력하는 소통 능력도 중요합니다. 특히 환경문제에 관심과 책임감이 있는 사람에게 어울리는 직업이에요. 어느 연구원은 "실험실에서 개발한 새로운 기술로 매년 수천 톤의 오염 물질을 줄여 큰 보람을 느꼈다"라고 말했습니다.

연료청정화 연구원이 되기 위해서는 대학에서 화학공학이나 환경공학, 에너지공학을 전공하는 것이 좋습니다. 대학을 졸업하면

대학원에서 더 깊이 있는 연구를 하거나, 관련 기업이나 연구소에서 인턴십을 경험하는 경우가 많습니다. 이후 정부 연구기관, 에너지 관련 대기업, 환경 전문 기업 등 다양한 곳에서 연구원으로 일할 수 있습니다. 최근에는 신재생에너지 기업, 탄소중립 관련 스타트업 등 새롭게 등장한 회사에서 연료청정화 전문가를 적극적으로 찾고 있습니다.

연료청정화 연구원의 전망은 매우 밝습니다. 전 세계가 친환경 에너지와 탄소중립의 중요성을 강조하는 만큼 깨끗한 연료와 에너지 시스템을 개발하는 전문가는 앞으로 더욱 필요해질 것입니다. 유럽연합은 2050년까지 탄소중립을 달성하겠다는 목표를 세우고 연료청정화 기술에 큰 투자를 하고 있습니다. 우리나라에서도 수소와 바이오연료, 탄소 포집 기술 등 다양한 분야를 활발하게 연구하고 있답니다.

바이오에너지 연구원은 다양한 생물 자원으로 에너지를 생산하는 기술을 연구합니다. 현재 우리나라는 옥수수, 사탕수수 등 바이오에너지의 원료 대부분을 수입하고 있어서, 세계 시장에서 들쑥날쑥 변하는 원료 가격의 영향을 많이 받습니다. 그런데 사실 바이오에너지는 원료와 형태가 매우 다양해요. 우리도 국내에서 원활하게 얻을 수 있는 원료로 바이오에너지를 개발할 필요가 있습니다. 기술력을 다른 나라로 수출하면 경제적 이익도 얻을 수 있고요. 바이오에너지 시장에서 경쟁력을 갖추기 위해 세계 각국에서는 고유의 기술 개발에 힘쓰고 있습니다.

2014년 카이스트 연구진은 대장균에서 휘발유를 생산하는 기술을 세계 최초로 개발했어요. 이 기술은 2016년에 '떠오르는 10대기술'로 선정되며 '시스템대사공학'이라는 새로운 학문을 탄생시켰습니다. 이 학문은 살아 있는 미생물을 이용해 특정 물질을 만들어 내는 기술을 연구합니다.

세계의 주요 항공우주 기업들은 바이오연료 개발에 협력하고 있습니다. 미국에서는 2011년에 이미 바이오연료로 비행기를 운항하는 데 성공했어요. 2022년에는 스웨덴의 지역 항공사가 쓰레기 속 탄소화합물 분자로 만든 바이오연료로 항공기 제트엔진을 가동하는 데 성공했습니다.

바이오에너지는 새로운 연구가 많이 진행되고 있는 분야입니다. 이 분야에 관심이 있다면, 최근의 시장 동향을 빠르게 파악하는 것이 중요합니다. 바이오에너지의 원료가 되는 작물도 잘 이해하고 있어야 해요. 앞으로 신재생에너지 개발이 활발해질수록 바이오에너지 분야도 성장할 가능성이 큽니다. 미래 사회에 도움이 될 친환경 에너지로 꼽히는 만큼 이 분야의 직업은 계속해서 늘어날 거예요.

바이오에너지 연구원이 되기 위해서는 대학에서 생명과학·환경학·유전공학·미생물학 등을 전공하고, 대학원으로 진학해 석사 이상의 학위를 취득하는 것이 좋습니다. 폭넓은 생물학 지식을 갖추는 것이 큰 도움이 됩니다.

해양에너지 기술자는 매초 달라지는 바다의 흐름과 온도, 염분에서 에너지를 얻는 기술을 개발하고 활용하는 직업입니다.

앞서 살펴보았듯이 해양에너지에는 여러 형태가 있습니다. 파도가 치는 힘, 바다 깊은 곳과 수면의 온도 차, 밀물과 썰물 등을 이용할 수 있습니다. 다양한 방식으로 전기를 생산하는 해양에너지 발전 시설을 여러 지역에 지으면, 지역에 따라 전력 수급이 고르지 못한 문제를 해결할 수 있습니다. 자연환경의 에너지가 무한하기에 안정적으로 전기를 생산해 낼 수 있고요. 화석연료와 달리 대기를 오염시키는 물질을 배출하지 않는 장점도 있습니다. 해양에너지는 지구를 지킬 미래 에너지원으로서 활용 가치가 점점 더 커질 전망입니다.

그런데 바다에 발전소를 설치하는 데는 몇 가지 어려움이 있습니다. 먼저, 바다에 설치한 구조물이 바다를 오염시키거나 생태계를 파괴할 수 있어요. 발전소는 생태계에 주는 피해를 최대한 줄이도록 설계해야 합니다. 두 번째로, 발전소를 건설하고 운영하는 데 큰 비용이 들어서 수익을 내기까지 오랜 시간이 걸릴 수 있습니다. 이런 문제를 해결하기 위해서는 해양에너지를 활용하는 기초적인 방법부터 다양하게 연구해야 해요. 발전소를 효율적으로 운영하기 위해 시설의 유지와 보수, 관리에 인공지능을 이용한 자동화 기술을 적용할 수도 있을 것입니다.

해양에너지 기술과 관련된 직업으로는 해양과학 연구원과 해양생태 연구원, 해양에너지 시스템 기술자 등이 있습니다. 해양과학 연구원은 바다를 활용하는 과학기술과 정책을 연구합니다. 해양생태연구원은 바다 환경과 생물을 지키는 방법을 연구해요. 해양에너지 시스템 기술자는 해양에너지를 활용한 발전 시스템과 설비를 설계하고 제작합니다. 한국해양과학기술원, 국립해양조사원 등의 국가 연구기관이나 대학 부설 연구소, 기업의 기술 연구소 등에서 일할 수 있습니다.

해양에너지 기술자는 바다 자원을 활용해 전기를 생산하는 전문가입니다. 파도나 조류, 밀물과 썰물의 특성을 분석하는 논리적 사고 능력과 탐구심이 필요합니다. 삼면이 바다로 둘러싸인 우리나라는 해양에너지를 활용하기 좋은 지리 조건을 갖추고 있습니다. 이러한 지리적 이점을 살려 다양한 기술을 연구한다면 한국의 해양에너지 분야도 점차 성장할 수 있을 것입니다.

# 3장

기후위기 시대,
에너지가 답이야!

도미노의 블록 하나가 넘어지면 나머지 블록도
우르르 쓰러집니다. 지구 환경도 비슷합니다.
지구 온도가 올라가면 대기권과 해양권,
생물권이 차례대로 변하게 되죠.

# 전 세계가 함께 지키는 환경 약속

여러분은 지난여름을 어떻게 기억하나요? 여름이 다가올 때면 '올해는 얼마나 더 더울까?' 하는 걱정이 앞섭니다. 너무 뜨거운 날씨 탓에 외출을 꺼리게 되고, 어쩔 수 없이 밖에 나가더라도 에어컨이 있는 실내 공간을 찾아가죠.

이제는 '기후변화'를 넘어 '기후위기'라는 표현이 일상적으로 쓰일 만큼 극단적인 날씨는 우리의 삶 깊숙이 파고들고 있습니다. 무더위가 절정에 이르면 폭염 특보가 발령되었으니 외출을 자제하라는 안전 안내 문자가 하루에도 몇 차례씩 도착하곤 합니다. 거리에는 뜨거운 햇볕을 피하려고 양산을 쓰는 사람들이 늘어납니다.

길거리에서 열사병에 걸리는 일이 이제 더는 특별하지 않습니다. 이상 기온은 특정 지역만의 문제가 아니라, 전 세계가 공통으로 겪는 현실입니다. 유럽은 여름마다 섭씨 40도가 넘어서는 이상 기온으로 가뭄과 홍수, 산불 등의 자연재해가 늘어났습니다. 미국 텍사스에서는 체감온도가 50도에 이르는 기록이 나왔습니다. 이제 지구 어느 곳에 있든 기후위기를 피할 수는 없습니다. 지구의 온도 상승을 막는 일은 선택이 아니라 꼭 달성해야 하는 과제가 되었습니다.

## 기후변화는 언제부터 걱정거리였을까

우리 인류는 언제부터 이상 기온 현상을 알아챘을까요? 사실 기후변화는 최근의 일이 아닌 꽤 오래된 문제입니다. 1990년대 미국의 엘 고어 부통령은 기후변화의 심각성을 알리기 위해 아래와 같은 연설을 했습니다.

> 에너지와 환경문제는 따로 다룰 수 없다. 21세기에는 석유 자원이 고갈될 것이고, 에너지 사용으로 지구온난화와 같은 위기 또한 심각해질 것이다.

30여 년 전에도 각국의 과학자와 정치 지도자 들은 인류의 에너지 사용이 지구온난화를 앞당길 것임을 알고 있었습니다. 여러 전문가가 환경 파괴를 경고하며 지구온난화를 막을 정책을 발표했어요. 그 연구 결과를 바탕으로 다양한 분야에서 환경 운동이 이루어졌고, 과학기술도 꾸준히 개발되었습니다. 그러나 여전히 우리는 기후위기 앞에 놓여 있고, 전 세계는 이를 해결하기 위한 실질적 해법을 찾는 데 고심하고 있습니다.

잘 알려진 것처럼 온실가스는 지구온난화의 주된 원인입니다. 그중에서도 이산화탄소는 대표적인 온실가스로, 기후변화에 가장 큰 영향을 미치는 물질입니다. 기후변화에 대응하려면 먼저 대기 중에 이산화탄소가 얼마나 짙은지 잘 살펴봐야겠죠? 찰스 데이비드 킬링은 이산화탄소 농도를 파악하는 일이 얼마나 중요한지 깨닫고 측정을 시작한 과학자입니다. 그는 1958년부터 하와이의 마우나로아 관측소에서 꾸준히 이산화탄소 농도를 쟀습니다. 우리가 교과서에서 접하는 이산화탄소 농도 수치는 그의 관측 데이터를 기반으로 하고 있어요. 현재는 그의 아들이 이 측정을 이어 가고 있습니다. 이들의 관측에 따르면 1990년 이산화탄소의 평균 농도는 약 354ppm이었으나 2020년에는 약 414ppm에 이르렀고, 2024년에는 약 422ppm로 나타났어요. 전 세계의 노력에도 이산화탄소는 여전히 상승 곡선을 그리고 있는 것입니다.

온실가스가 많아져서 지

> **ppm**
>
> 100만분의 1을 의미하는 단위로, 아주 미세한 농도를 정확하게 표현할 때 유용합니다. 예를 들어 300ppm은 공기 중 0.03퍼센트를 차지하는 양입니다.

1958년부터 이산화탄소 농도를 측정하고 있는 하와이의 마우나로아 관측소

미래 에너지로 지구를 구한다면

구 온도가 높아지면 극지방의 빙하가 점차 녹아 바다로 흘러들어 옵니다. 이는 해수면이 높아지는 원인이 됩니다. 바다 온도가 높아져서 생기는 '열팽창' 현상도 해수면을 상승하게 합니다. 열팽창은 물질이 열을 받으면 입자 운동이 빨라지면서 부피가 커지는 현상으로, 고체·액체·기체에서 모두 발생해요. 바다가 높아지면 육지 면적이 줄어들어 동식물이 살아갈 터전을 잃게 됩니다. 이처럼 한 가지 변화는 또 다른 변화를 연이어 일으키고, 결국 인류의 생존에도 심각한 위협이 됩니다. 마치 도미노와 같죠? 도미노의 블록 하나가 넘어지면 나머지 블록도 우르르 쓰러집니다. 지구 환경도 비슷합니다. 지구 온도가 올라가면 대기권과 해양권, 생물권이 차례대로 변하게 되죠.

전 세계는 기후변화를 함께 책임지고 협력해야 합니다. 전 세계의 정부와 기업, 시민이 지금까지 어떤 노력을 해왔는지, 그리고 어떤 목표를 향해 나아가고 있는지 살펴볼까요?

### 역사상 가장 큰 환경 회의, 유엔환경개발회의

기후변화는 지구에 사는 모두가 함께 대응해야 할 문제입니다. 그렇기에 각국의 이해관계를 조율하고 공동의 목표를 정하는 국제기구의 역할이 중요합니다. 1980년대 중반 과학자들은 인간의 경제활동으로 생기는 온실기체가 지구온난화를 앞당긴다는 사실을 밝혀냈어요. 이를 계기로, 지구온난화 문제에 대응할 국제

1992년 5월 브라질 리우데자네이루에서 열린 유엔환경개발회의

　미래 에너지로 지구를 구한다면

기구의 필요성에 전 세계가 공감하게 되었죠. 1988년에 기후변화의 과학적 근거와 정책을 제시하는 국제기구인 '기후변화에 관한 정부 간 협의체$^{IPCC}$'가 탄생했어요. IPCC는 인간이 만드는 온실가스를 지구온난화의 큰 원인으로 지목하고, 기후변화를 막기 위한 국제적 규범 체제를 마련해야 한다고 강조했습니다. 설립된 지 수십 년이 지난 지금도 각국 과학자들의 의견을 모아 기후변화에 대응할 방법을 국제 사회에 발표하고 있습니다.

1992년 5월 브라질 리우데자네이루에서 열린 '유엔환경개발회의'는 114개국이 참여해 역사상 가장 큰 환경 회담이 되었습니다. 줄여서 '리우 회의'라고도 부르는 이 자리에서 각국은 '유엔기후변화협약'이라는 약속을 했습니다. 2000년까지 1990년 수준으로 온실가스를 줄이자는 약속이었죠. 우리나라는 1993년 12월 47번째로 이 협약에 가입했으며, 현재 전 세계 198개국이 가입되어 있습니다.

## 6가지 온실가스를 막아라, 교토의정서

1997년 일본 교토에서 개최된 환경 회담에서는 '교토의정서'라는 협약을 만들었습니다. 전 세계는 선진국이 온실가스를 얼마나 감축해야 하는지 더욱 구체적으로 정했죠. 앞서 살펴본 유엔기후변화협약과는 달리 국제적인 구속력이 있는 협약이기도 합니다. 각국이 말로만 약속하는 것이 아니라 꼭 실천해야 하는 의무라고 정한 거예요. 기후변화를 앞당기는 온실가스로는 이산화탄소뿐만 아니라 메탄·아산화질소·육불화황·수소불화탄소·과불화탄소 등이 있습니다. 교토의정서는 6가지 온실가스를 모두 감축 대상으로 삼고, 선진국들이 2008년부터 2012년까지 온실가스를 1990년의 수치보다 평균 5.2퍼센트를 줄이는 의무를 부과했습니다. 우리나라는 2002년 10월 교토의정서에 동의했는데, 당시에는 온실가스를 꼭 줄여야 하는 국가에 해당하지는 않아서 감축 부담을 지지는 않았습니다.

### 모든 국가가 지키는 약속, 파리협정

2015년에 이루어진 파리협정은 선진국만이 아니라 지구촌의 모든 국가가 참여하는 기후 협약이었습니다. 전 세계가 지구의 평균 온도 상승을 반드시 2도 이하로 막고, 가능하다면 1.5도 이하로 막자고 약속했죠. 2018년 IPCC는 그 목표의 과학적 근거를 제시해 파리협정에 더욱 힘을 실어 주었습니다. 전 세계가 힘을 합치면 지구 온도의 상승 폭을 정말 1.5도 이하로 막을 수 있다고 분석한 것입니다. 이때부터 여러 뉴스, 기사, 정책에서 1.5도라는 목표치를 자주 다루기 시작했죠.

기후변화는 전 지구적인 현상으로, 국경을 넘나드는 문제입니다. 어느 한 나라의 노력만으로는 해결할 수 없습니다. 온실가스는 바람과 해류를 따라 지구 전체에 퍼집니다. 기후위기가 심각해지면 생태계가 파괴되고 식량이 부족해지며, 자연재해가 잦아져 인류 전체의 삶에 큰 피해를 줍니다. 기후위기는 모든 나라가 함께 환경을 지킬 것을 약속하고 서로 도울 때 비로소 막을 수 있습니다.

특히 선진국이 개발도상국을 돕는 일이 중요합니다. 과거에 선진국은 산업 활동으로 경제를 발전시키는 과정에서 많은 온실가스를 배출했습니다. 이제 공장을 세우고 산업을 발전시키려는 개발도상국에 온실가스를 줄일 의무를 선진국과 똑같이 지게 한다면 공정하다고 할 수 있을까요? 선진국은 개발도상국에 기술과 자금을 지원해 친환경적인 경제 성장을 도와야 합니다. 이는 단순한 원조가 아니라 지구 공동체를 위한 연대입니다.

# 에너지로 여는 탄소중립 사회

세계기상기구의 발표에 따르면, 2022년 기준 지구의 평균 기온은 19~20세기 산업화 이전보다 약 1.1도 이상 올랐습니다. 각국 정부는 지구 온도 상승을 1.5도 이내로 막기 위해 2050년까지 '탄소중립'을 달성하자는 목표를 세웠습니다.

탄소중립이란 대기 중에 배출되는 6대 온실가스의 양을 '0'으로 만드는 것입니다. 즉 온실가스의 배출과 흡수가 균형을 이루어야 합니다. 하지만 여기서 한 가지 의문이 생깁니다. 인간이 살아가면서 온실가스를 아예 배출하지 않는 것이 과연 가능할까요? 생물이라면 당연히 호흡하며 이산화탄소를 배출할 수밖에 없습니다. 배출량을 0으로 만드는 것은 사실상 모든 생물이 사라져야 가능한 일처럼 느껴집니다.

이산화탄소는 화석연료를 사용하는 과정에서 배출됩니다. 특히 석탄이나 석유로 전기를 만드는 화력 발전소에서 많이 나와요. 자동차나 비행기, 선박 등의 교통수단에서도 상당한 양이 배출됩니다. 철강과 시멘트, 화학 제품을 생산하는 공장에서도요. 가축을 사육할 때도, 집에서 요리하거나 난방을 할 때도 배출됩니다. 인간 사회가 형성되고 의식주를 해결하며 살아가는 모든 과정에서 상상 이상으로 이산화탄소가 많이 발생하는 것입니다.

따라서 일상에서 불가피하게 발생하는 온실가스 배출량을 0으로 만들기 위해서는 탄소를 줄이는 기술과 정책을 함께 개발해야 합니다.

### 공기 중의 탄소를 모아라

탄소중립은 개인의 노력만으로는 달성하기 어렵습니다. 국가와 기업이 나서서 환경을 지키는 기술을 개발하고 시행하는 것이 중요하답니다.

'탄소 포집 기술'은 대기 중 이산화탄소를 모아 활용하는 기술입니다. 이미 배출한 탄소를 거둬들일 수 있다면 온실가스의 농도를 낮출 수 있겠죠? 이 기술은 1930년대에 처음 개발되어 지금까지 100여 년의 역사를 거쳐 왔습니다. 자연환경의 천연가스에서 순수한 가스를 뽑아낼 때 불순물인 이산화탄소를 없애는 작업이 꼭 필요했거든요. 모은 이산화탄소는 파이프라인으로 운반해 빈 유전이나 가스전에 저장할 수 있습니다. 지하 800미터가 넘는 깊이의 육지나 바닷속 땅에 주입해 저장할 수도 있습니다. 땅속의 이산화탄소는 시간이 지나면서 녹거나 암석이 된답니다.

포집한 이산화탄소로 연료나 건축 자재 등의 새로운 제품을 만드는 기술도 개발되고 있습니다. 이산화탄소를 줄이는 동시에 다른 원료로도 활용할 수 있어 세계의 기업과 정부 들이 많은 관심을 가지고 이 기술을 연구하고 있습니다.

### 탄소를 사고판다면

탄소를 모으는 기술만큼 중요한 것은 환경을 보호하는 제도를 강화하는 일입니다. 우리가 배출하는 이산화탄소 자체를 줄이면 온실가스가 줄어드는 효과가 더 빠르게 나타나겠죠? 탄소를 줄이기 위한 대표적인 제도로는 '탄소세'와 '탄소 배출권 거래제'가 있습니다.

'탄소세'는 기업이 배출하는 탄소량에 부과하는 세금입니다. 배출량의 한도를 정하고 이를 넘기면 세금을 매겨요. '탄소 배출권 거래제'는 일정량의 배출권을 사업장에 주고 부족하거나 남는 배출권을 거래할 수 있게 하는 제도입니다. 탄소를 덜 배출하는 기술을 확보한 기업은 줄인 탄소만큼 남은 배출권을 다른 기업에 판매할 수 있습니다. 기술이 곧 돈이 되는 것이죠.

우리나라는 2015년부터 탄소 배출권 거래제를 시행하고 있어요. 그런데 세금 부담이 더 높은 탄소세 도입에는 찬반 논란이 뜨겁습니다. 제도 도입에 찬성하는 사람들은 탄소세가 지구온난화를 막는 데 꼭 필요하다고 주장해요. 반대하는 사람들은 탄소세를 도입하면 기업이 부담해야 할 비용이 커져 경제에 악영향을 끼친다고 주장합니다. 정부는 이 논의를 계속하면서 다양한 이산화탄소 감축 정책을 추진하고 있습니다.

한편 탄소를 규제하는 강도와 범위가 국가별로 다르다 보니 기업이 생산지를 옮기는 일도 생깁니다. 기업은 합리적인 비용으로 제품을 생산해서 이윤을 많이 내는 것을 우선시합니다. 그러다 보니 탄소세 부담이 적은 국가로 공장을 옮기기도 합니다. 환경 규제가 약한 국가로 이동하는 기업이 많아지면 어떻게 될까요? 탄소를 줄이기는커녕 옮겨 간 나라에서 오히려 더 많은 탄소를 배출해 지구 환경에 악영향을 줄 수 있습니다.

이런 상황을 막기 위해 국제 사회에서는 '탄소 국경세' 도입을 논의하고 있습니다. 온실가스 배출이 많은 국가의 제품을 수입할 때, 기준치를 초과한 탄소 배출량에 세금을 매기는 제도입니다. 유럽연합과 미국은 탄소세를 내지 않고 생산된 제품에 탄소 국경세를 적용할 예정입니다. 유럽연합은 철강·알루미늄·시멘트·비료·전력·수소 등 6개 품목에 2023년 10월부터 시범적으로 적용했으며, 2026년부터 본격적으로 시행합니다. 우리나라에는 원자재와 부품을 수입해 제품을 만들고 수출하는 기업이 많습니다.

탄소 국경세가 본격적으로 시장에 도입되면 우리나라 경제에도 적지 않은 영향을 줄 것입니다.

## 탄소중립을 위해 힘을 모으는 기업들

탄소중립이 전 세계의 규범이 되면서 기업도 변화하고 있습니다. 제이피모건과 골드만삭스 등 세계의 투자은행들도 온실가스를 감축하는 기술과 사업 분야에 우선 투자하겠다는 원칙을 밝혔답니다. 'RE100'이라는 캠페인을 들어 본 적이 있나요? '리뉴어블에너지 100퍼센트Renewable Energy 100%'의 줄임말로, 우리말로 풀면 '재생에너지 100퍼센트'라는 뜻이에요. 이는 기업이 사용하는 전기를 100퍼센트 재생에너지로 바꾸겠다는 국제 캠페인입니다. 캠페인의 최종 목표는 2050년까지 모든 전력을 재생에너지로 바꾸는 것입니다. 2030년까지 60퍼센트, 2040년까지 90퍼센트의 전력을 재생에너지로 바꾸겠다는 단계적 목표도 있습니다. 애플과 구글, BMW와 같은 유명한 글로벌 기업들이 이 캠페인에 참여하고 있습니다. 우리나라에서는 어떤 기업이 캠페인에 함께 하고 있을까요?

우리나라의 대표적인 기업인 삼성전자가 캠페인에 동참하고 있습니다. 잘 알려져 있듯 삼성전자는 반도체와 스마트폰부터 가전제품에 이르기까지 많은 전자 기기를 만들고 있죠. 삼성전자는 제품별 에너지 효율을 높이는 방법을 연구하고 있습니다. 그중 하나로 초저전력 메모리 기술을 개발해 2030년까지 주요 제품들의 전력 소비를 평균 30퍼센트 줄이겠다는 목표를 세웠어요. 제품을 만들거나 쓸 때 생기는 탄소를 줄이다 보면, 재생 에너지로 만든 전기만 쓰겠다는 RE100 캠페인의 목표도 언젠가 달성할 수 있을 거예요. 삼성전자뿐만 아니라 SK하이닉스, 현대자동차, 아모레퍼시픽 등의 한국 기업들도 RE100에 동참하고 있습니다.

RE100는 그저 친환경 캠페인이기만 한 것이 아니라 기업의 생존과 성장에 도움이 되는 전략이기도 합니다. 캠페인에 참여하는 기업은 해외 기업과 협력 관계를 안정적으로 유지할 수 있고, 환경을 생각하는 생산 방식은 소비자의 신뢰까지 높여 주니까요.

## 우리나라도 지속 가능한 사회가 될까

우리나라 정부는 2030년까지 '지속 가능한 저탄소 녹색 사회'가 되는 것을 목표로 기후변화에 대응하는 정책을 펼치고 있습니다.

산업 분야에서는 특히 철강이나 시멘트 공업처럼 전통적으로 탄소를 많이 배출하는 분야의 생산 방식을 바꾸고 있습니다. 예를 들어, 철광석을 녹이는 과정에서 코크스 대신 수소를 사용해 탄소 배출을 크게 줄이는 기술을 연구하는 중입니다. 시멘트를 생산하고 남은 콘크리트나 목재 조각을 재활용해 이산화탄소 발생을 줄이는 방안도 마련하고 있습니다. 화석연료를 쓰는 기존 발전소에서 나오는 이산화탄소를 모아 대기오염을 막고, 태양광과 풍력 활용을 더 늘릴 계획입니다.

건축 분야에서는 재생에너지로 냉·난방하는 건물을 더 많이 설계하고 있고, 수송 분야에서는 매연을 발생시키지 않는 전기차와 수소차를 늘리고 있어요. 폐기물 처리 분야에서는 플라스틱 사용을 줄이고 바이오 플라스틱이나 쓰레기 재활용을 확대하고 있습니다. 농업과 어업 분야에서도 스마트팜이나 친환경 어선 등 다양한 기술을 적용해 온실가스를 줄이려는 시도를 이어 가고 있습니다.

# 친환경 에너지에 진심인 나라들

지속 가능한 발전은 현재 지구에서 살아가는 사람들뿐만 아니라 미래 세대의 생존과 삶의 질을 지키는 일이기도 합니다. 국가와 지역, 시민의 즉각적인 실천이야말로 기후위기에 대응하는 가장 강력한 방법입니다. 신재생에너지로 기후변화 대응에 앞장서는 세계의 여러 나라를 살펴볼까요?

### 원자력 발전소를 없앤 나라, 독일

독일은 2010년대 초부터 '에너지 전환'이라는 국가 프로젝트를 시작했습니다. 원자력과 석탄 발전소를 점차 줄이는 대신 태양광과 풍력 같은 신재생에너지를 도입했죠. 2023년에는 모든 원자력 발전소를 완전히 폐지했답니다. 2024년 독일은 태양광과 풍력, 수력 등의 신재생에너지로 전체 전력의 59퍼센트를 생산했으며, 2030년까지는 전력의 80퍼센트를 신재생에너지로 만들겠다는 큰 목표를 세웠습니다. 특히 태양광을 적극적으로 활용하고 있어요. 독일에서는 베란다, 옥상 등에 태양광 발전 시설이 설치된 건물을 쉽게 찾을 수 있습니다.

**협동조합**

지역 주민이 자발적으로 모여 만든 협력 조직으로, 물건이나 서비스를 함께 구매하거나 생산, 판매합니다. 이를 통해 조합원의 이익을 추구할 뿐 아니라 지역사회에 공헌하기도 합니다.

독일 시민들은 재생에너지를 함께 쓰고 수익도 나누는 에너지 협동조합을 만들었어요. 조합원들은 태양광과 풍력 발전소에 돈을 투자합니다. 그 발전소가 생산한 전기를 함께 쓰고, 남는 전기는 팔아서 수익을 나눈다고 해요.

독일의 도시와 마을 곳곳에서는 친환경 에너지 발전을 실천하고 있습니다. 예를 들어 브란덴부르크주의 작은 농촌 마을 펠트하임에서는 33개 가구가 힘을 합쳐 풍력과 태양광, 바이오가스로 마을에 필요한 모든 에너지를 생산합니다. 마을 사람들과 협동조합이 함께 투자해 번 돈으로 유럽 최대의 리튬이온 저장 장치까지 갖추었죠. 이처럼 시민들이 직접 에너지 생산에 참여하면서 독일에는 새로운 신재생에너지 관련 일자리도 많이 생겼습니다.

에너지를 자급자족하는 독일의 농촌 마을 펠트하임

## 풍력 발전을 이끄는 바람의 나라, 덴마크

바람이 많이 부는 지역에 있는 덴마크는 '바람의 나라'라는 별명답게 일찍부터 풍력 발전에 집중했습니다. 1970년대로 거슬러 올라가 볼까요? 당시 중동 국가들이 석유 가격을 올리면서 세계 경제에 커다란 혼란이 생겼어요. 석유를 수입하는 나라들은 물가가 두 자릿수로 오르고 마이너스 성장을 겪어야 했죠. 전 세계가 함께 겪은 이러한 위기를 '석유파동'이라 불러요. 화석연료 자원이 거의 나지 않는 덴마크도 석유파동에 큰 타격을 받을 수밖에 없었습니다. 에너지 위기를 막기 위해 덴마크의 정부와 기업, 시민은 힘을 합쳐 바다와 땅에 커다란 풍력 발전 단지를 만들었어요. 덴마크 사회는 지금까지도 풍력 발전을 잘 활용하고 있는데, 2023년에는 전력의 58퍼센트를 풍력으로 생산했다고 합니다. 2050년에는 100퍼센트 신재생에너지로 전환하는 것을 목표로 하고 있습니다.

덴마크는 모범적인 재생에너지 국가로 꼽힙니다. 특히 전 세계의 풍력 발전 분야를 이끌고 있습니다. 이런 성과는 정부와 정당, 시민이 충분한 논의를 거쳐 의견을 하나로 모은 결과입니다. 여당과 야당은 한번 합의한 정책을 최소 5~10년은 유지합니다. 정책을 바꿀 때는 모든 국회의원이 만장일치로 찬성해야 합니다. 그래서 한 번 도입한 에너지 정책을 오랜 시간 유지할 수 있답니다. 정부 기관인 '덴마크에너지청'은 에너지 정책을 계획하고 실

풍력으로 에너지 자립을 이룬 덴마크 삼쇠섬

행하는 일을 도맡아요. 새로운 재생에너지 사업을 시작하는 절차 또한 매우 간단해서, 여러 에너지 협동조합이 지역사회에 안정적으로 자리 잡았습니다. 협동조합은 지역 주민의 경제생활에 톡톡히 도움이 되고 있죠. 예를 들어 미델그룬덴 발전협동조합은 8,600여 명의 코펜하겐 시민이 참여해 연간 수익을 나누고 있고, 2,200여 명의 조합원이 가입한 비도우레 풍력협동조합은 풍력 발전 단지를 세워 연간 11퍼센트의 수익률을 기록하고 있다고 합니다.

삼쇠섬은 덴마크 내에서도 재생에너지를 잘 활용하는 지역으로 손꼽힙니다. 덴마크 동북부 해협에 있는 이 섬에서는 모든 주민이 재생에너지로 자급자족하고 있어요. 세계 최초로 재생에너지 자립을 이뤄 냈답니다. 전력의 100퍼센트를 풍력으로, 난방의 70퍼센트를 바이오매스로 충당한다고 해요. 주민들은 '삼쇠 에너지 아카데미'라는 에너지 학교를 세워 다음 세대를 위한 에너지 교육을 하고 일자리 창출도 돕고 있어요.

덴마크의 정부와 시민들은 바람이라는 자연의 힘을 적극적으로 활용해 재생에너지가 중심이 되는 사회를 만들어 냈습니다.

### 지열과 수력의 나라, 아이슬란드

북유럽의 작은 섬나라 아이슬란드는 '재생에너지의 천국'으로 통할 만큼 자연의 에너지를 잘 활용하는 나라입니다. 2025년에는 지열과 수력으로 100퍼센트 에너지 자립을 달성해 크게 주목받았습니다. 아이슬란드는 어떻게 지속 가능한 발전을 하고 있을까요?

아이슬란드는 화산과 온천이 많은 나라입니다. 땅속 깊은 곳에서 뜨거운 물과 증기로 솟아오르는 지열이 아주 풍부합니다. 빙하가 녹아 흐르는 강과 폭포도 많아서 수력 발전에도 유리하죠. 두 에너지 모두 온실가스 배출이 매우 적고, 에너지 비용도 저렴합니다.

아이슬란드의 집과 학교, 수영장의 난방과 온수는 대부분 지열로 공급합니다. 약 13만 명이 사는 수도 레이캬비크는 세계에서 가장 큰 '지열 난방 도시'예요. 도시 근처에 있는 헬리셰이디 지열 발전소는 세계에서 가장 큰 지열 발전소입니다. 도시에 전기와 난방을 공급할 뿐만 아니라 도로와 인도에 지열로 데운 물을 흘려 눈이 쌓이지 않게 합니다. 지열은 친환경 에너지이지만 터빈을 돌릴 때 이산화탄소가 조금 발생해요. 그런데 헬리셰이디 지열 발전소는 이산화탄소를 땅속으로 주입해 온실가스 배출도 줄인답니다.

아이슬란드는 지열에너지 강국으로 유명하지만, 사실 수력으로 훨씬 더 많이 전기를 만들어 내고 있습니다. 전체 전력 생산에서 수력과 지열 발전의 비중이 7 대 3 정도 됩니다. 아이슬란드에는 폭포가 1만 개나 있다고 해요. 이런 지형 조건을 활용해 지은

아이슬란드의 헬리셰이디 지열 발전소

미래 에너지로 지구를 구한다면

수십 개 이상의 수력 발전소들은 적게는 100메가와트, 많게는 700메가와트까지 전기를 만들어 냅니다. 100메가와트는 1년 동안 16만 명이 사용할 수 있는 양이에요. 아이슬란드의 인구수가 총 38만 명 정도이니, 얼마나 전기가 풍족한지 짐작이 되죠? 아이슬란드는 풍부한 자원 덕분에 전기요금이 세계에서 가장 저렴한 나라이기도 합니다.

아이슬란드의 재생에너지는 '자연의 힘을 그대로, 모두가 함께'라는 정신에서 시작되었다고 합니다. 환경과 조화를 이루는 에너지 기술이 정말 멋지지 않나요? 우리도 자연이 주는 에너지를 어떻게 하면 잘 활용할 수 있을지 고민해야 할 것입니다.

## 모두가 함께하는 에너지 사회, 일본

섬나라 일본은 화석연료 자원이 적습니다. 에너지 자급률이 2022년 기준 12.6퍼센트로 매우 낮아요. 일본은 오랫동안 우리나라처럼 석유나 석탄을 수입해 썼고, 원자력에도 많이 의존해 왔어요. 그러나 2011년 후쿠시마 원전 사고를 겪으며 깨끗하고 안전한 에너지에 관심이 높아졌습니다. 가고시마현에는 '메가 솔라'라고 부르는 일본 최대 규모의 태양광 발전소가 있습니다. 바다와 산이 아름답게 어우러진 곳에 있는 이 발전소는 매년 약 2만 가구가 사용할 전기를 생산합니다.

일본 정부는 지역사회가 태양광·풍력·지열·바이오매스 같은

일본 가고시마현의 태양광 발전소, 메가 솔라

재생에너지를 많이 쓸 수 있도록 '고정가격 매입제도'라는 특별한 제도를 만들었답니다. 쉽게 말하면, 재생에너지로 만든 전기를 기업이 일정 기간 구매하는 제도입니다. 예를 들어 어떤 사람이 전기를 생산하는 태양광 패널을 설치하면, 전력 회사가 20년 동안 그 시설에서 생산하는 전기를 사줘요. 일본 정부는 전력 회사가 태양광·풍력·수열·바이오매스를 20년 동안, 지열은 15년 동안 구매하도록 보장해 주며, 재생에너지의 가격도 정해 줍니다. 여기서 수열水熱은 수력水力과는 완전히 다른 에너지 종류입니다. 물의 높이 차이를 이용하는 수력과 달리, 수열은 하천이나 호수, 바다 등의 온도 차나 열에서 얻는 에너지입니다. 예를 들어, 여름에는 시원하고 겨울에는 따뜻한 하천을 건물의 냉난방에 활용해요. 그리고 터빈을 돌려 전기를 생산하는 수력과 달리, 수열은 뜨거운 물을 끌어올려 사용한답니다. 다만 수열은 전력보다는 열을 공급하는 용도로 많이 쓰여요. 일본은 수열도 재생에너지의 한 종류로 인정하고 있습니다.

전력 회사가 재생에너지로 만든 전기를 사는 데 드는 비용은 모두가 내는 전기요금에 조금씩 포함돼요. 이런 요금을 '재생에너지 부과금'이라고 합니다. 깨끗한 에너지를 쓰는 비용을 모두가 함께 내는 거예요. 이 제도 덕분에 일본에는 태양광 발전소가 엄청나게 늘었습니다. 전국 마을에서 학교나 집, 공장, 심지어 염전 위에서도 태양광 패널을 발견할 수 있습니다. 20년 이상 오랫

동안 안정적으로 수익을 낼 수 있기에 많은 국민이 직접 재생에 너지 발전에 뛰어든 거예요. 이와 더불어 지역 주민이 힘을 합쳐 운영하는 에너지 협동조합도 많아졌습니다. 나가노현의 한 마을에서는 주민들이 돈을 모아 태양광 발전소를 만들고, 그 수익을 마을 발전에 쓰고 있습니다.

일본은 바람이 강한 지역이 많아 풍력 발전에도 유리해요. 일본 정부는 특히 바다 위에서 전기를 만드는 '해상 풍력 발전'에 많은 관심을 두고 아키타현과 치바현 등에 발전 단지를 지었어요. 해상 풍력 발전기는 바다 위에 지으니 땅을 차지하지 않고, 꾸준히 부는 바닷바람 덕에 효율 또한 높습니다.

일본은 화산이 많은 나라라서 땅속의 뜨거운 열을 이용한 지열 발전을 하기에도 좋습니다. 오이타현의 벳푸와 구마모토현의 아소 등에서는 온천수를 이용해 전기를 만들고 있습니다. 바이오매스를 활용하는 사례도 늘고 있습니다. 최근 쌀겨와 나무, 음식물 쓰레기 등의 바이오매스를 이용해 에너지를 생산하는 농촌이 많아졌답니다.

일본은 '프리미엄 매입제도'라는 새로운 방식도 도입했습니다. 가격이 항상 일정한 고정가격 매입제도와는 달리, 시장 추세와 전력 공급이 많이 필요한 때에 따라 가격을 조정하는 제도예요. 시장 상황에 따라 추가 수익을 더 기대할 수 있게 하고, 에너지 기업 간의 자율적인 경쟁 또한 유도하는 시스템입니다.

## 지역 경제를 이끄는 태양광 발전

독일이나 덴마크처럼 우리나라에서도 지역 주민들이 재생에너지를 함께 개발한 사례가 있을까요? 전남 신안군의 주민들은 태양광 발전에 함께 참여하고 수익을 나누었습니다. 농가의 소득을 늘리고 지역 경제를 활성화하는 긍정적 결과를 얻었답니다. 재생에너지 사업이 지역의 발전을 이끄는 좋은 본보기가 되었죠.

환경을 지키기 위해 태양광이나 풍력 같은 재생에너지가 필요하다는 것에는 많은 사람이 공감합니다. 그러나 막상 에너지 발전소가 동네 근처에 들어오면 땅값이 떨어지고 생활에 불편하다며 반대하는 주민이 많아집니다. 그래서 우리나라 정부는 신안군의 사례처럼 지역 주민끼리 이익을 공유하는 재생에너지 발전을 장려하고 있습니다. 주민들이 에너지 발전소에 직접 투자하거나 관련 펀드에 참여하면, 전기를 판매한 수익 일부를 배당금으로 받을 수 있습니다.

# 미래 에너지로 달리는 미국과 중국

미국의 캘리포니아와 네바다 경계에 있는 모하비 사막에는 '아이반파 태양열 발전소'가 세워졌습니다. 이 발전소는 엄청난 크기로 한때 전 세계의 큰 주목을 받았죠. 2014년에 지은 이 발전소의 면적은 약 14.2제곱킬로미터로 여의도보다 2배 넓답니다. 이곳에서 전기를 만드는 원리는 이렇습니다. 먼저 35만 개의 거울로 열을 발생시킨 다음 이 열을 이용해 물을 끓이고, 물이 끓으며 나오는 증기로 터빈을 돌리는 원리입니다. 이 발전소는 미국의 이산화탄소 배출을 매년 40여 톤이나 줄여 기후위기 시대의 강력한 희망으로 떠올랐어요. 그러나 가동한 지 10년이 조금 넘는 2026년, 결국 문을 닫게 됩니다. 기술의 발전으로 경제성이 떨어졌기 때문입니다. 지금은 기존의 태양광 장치보다 더 저렴하고 효율적인 시설과 기술이 여럿 등장했습니다. 발전소를 허문 땅에는 에너지를 더 효율적으로 생산하는 새로운 태양광 시설이 건설됩니다. 이처럼 미국의 재생에너지 기술은 빠르게 발전을 거듭하고 있습니다.

## 태양에너지에 푹 빠진 미국

미국 곳곳에서는 태양에너지를 적극적으로 활용하고 있습니다. 캘리포니아는 햇빛이 풍부한 지리적 이점을 살려 태양광 발전을 계속 늘리고 있어요. 커다란 태양광 발전소와 여러 에너지 저장 장치를 설치하고, 2045년까지 전력의 100퍼센트를 신재생에너지로 바꾸는 법도 만들었죠. 2020년부터 캘리포니아에 새로 짓는 주택과 건물은 반드시 태양광 패널을 설치해야 합니다.

미국 서부에 있는 네바다는 드넓은 미국의 여러 지역 중에서도 태양광 발전의 중심지로 꼽힙니다. 일조량이 매우 풍부해서 태양광 발전에 좋은 지리 조건을 갖추고 있거든요. 가장 유명한 곳은 '코퍼 마운틴 태양광 발전소'입니다. 축구장 5,000개 크기의 땅에 900만 개가 넘는 태양광 패널이 설치되어 있는 곳이죠. 이곳에서 생산하는 전력량은 약 800메가와트로, 미국의 태양광 발전소 중에서 가장 많은 전기를 만들고 있습니다. 이 외에도 네바다는 수십 개의 다양한 태양광 프로젝트를 진행하고 있습니다.

미국의 코퍼 마운틴 태양광 발전소(왼쪽)와 네바다 솔라 원 발전소(오른쪽)

미래 에너지로 지구를 구한다면

## 신재생에너지 마을부터 에너지 고속도로까지

미국은 태양광 발전 말고도 풍력에도 많은 관심을 기울이고 있습니다. 바람이 많이 부는 중서부 평야와 대서양 연안을 중심으로 여러 발전을 시도하고 있죠. 특히 텍사스와 캘리포니아는 육상 풍력의 중심지, 뉴욕과 버지니아는 해상 풍력의 핵심 거점으로 떠오르고 있습니다. 미국 대륙의 중서부에 있는 텍사스에는 '로스코 풍력 단지'라는 초대형 풍력 발전소가 있습니다. 이곳에는 627개의 풍력 터빈이 설치되어 있는데, 이 터빈들이 매년 만들어 내는 전기는 약 23만 가구가 사용할 수 있는 양입니다. 로스코 풍력 발전 단지는 한때 세계에서 가장 큰 발전소로 꼽혔고, 지역 농민들은 발전소에 필요한 땅을 빌려주며 돈을 벌기도 했습니다. 이처럼 풍력 발전은 지역 경제에도 긍정적인 영향을 주고 있답니다.

버몬트에 있는 도시 벌링턴은 미국에서 전력의 100퍼센트를 재생에너지로 생산하는 데 처음으로 성공한 도시입니다. 이 도시는 석탄 발전소를 바이오매스 발전소로 바꾸고 나무 조각들을 전력을 만드는 에너지원으로 쓰고 있습니다. 매일 1,800톤의 나무 조각을 전력을 만드는 데 사용한다고 하네요. 이 외에도 풍력과 태양광, 수력도 활용하고 있답니다. 콜로라도의 작은 도시 아스펜도 2015년부터 도시 전체의 전기를 100퍼센트 신재생에너지로 공급하고 있습니다. 이곳에서는 높은 산악 지대의 수력과

미국 텍사스의 로스코 풍력 발전 단지

풍력, 태양열로 전기를 생산합니다. 리오 그란데 수력 발전소와 같은 소규모 수력 발전소들이 중요한 역할을 하고 있답니다. 아스펜 시민들은 에너지 절약 캠페인에도 적극적으로 참여하고 있습니다.

'선지아 프로젝트'는 미국의 뉴멕시코와 애리조나를 송전선으로 연결하는 사업입니다. 뉴멕시코에 900개가 넘는 풍력 터빈을 짓고, 885킬로미터 길이의 송전선으로 애리조나와 캘리포니아 주민 300만 명에게 전기를 공급합니다. 서울에서 부산까지의 거리가 325킬로미터이니 이 전선이 얼마나 긴지 실감할 수 있겠죠? 긴 전선은 드넓은 대륙을 가로질러 전기를 공급하는 '에너지 고속도로'라고 할 수 있습니다.

두 나라를 잇는 에너지 고속도로도 등장했어요. 미국 뉴욕시는 캐나다에서 재생에너지를 구매하기로 했습니다. '챔플레인 허드슨 파워 익스프레스'는 캐나다 퀘벡과 뉴욕을 잇는 송전선입니다. 이름은 퀘벡의 챔플레인 호수에서 미국의 허드슨강을 지나 뉴욕 도심까지 이어진다는 뜻으로 붙였습니다. 이 송전선은 2022년에 건설을 시작했고 2026년부터 가동됩니다. 그러면 퀘벡에서 수력으로 만든 전기를 뉴욕까지 보낼 수 있습니다. 두 지역을 잇는 전선의 길이는 무려 540킬로미터가 넘으며, 모두 땅과 강 밑에 묻혀 있습니다. 생태계 파괴를 막기 위해 땅 위로 송전탑을 짓지 않는 거예요. 이 전선은 도시의 빌딩과 지하철에 전기를 공급하는 것은 물론 뉴욕의 높은 전기요금을 낮추는 데 도움이 될 것으로 전망됩니다. 뉴욕은 2030년까지 재생에너지의 비율을 70퍼센트까지 늘린다는 목표를 발표했습니다.

이 외에도 미국은 신재생에너지를 널리 쓰기 위해 다양한 투자를 이어 가고 있습니다.

### 신재생에너지 투자 1위, 중국

지금까지 신재생에너지를 활발하게 도입하는 여러 나라를 살펴 봤습니다. 그런데 여러분, 세계에서 신재생에너지에 가장 많이 돈을 쓰는 나라가 어디인지 아나요? 바로 중국입니다. 2024년 기준으로 중국이 신재생에너지 개발에 쓴 돈은 무려 약 1,300조 원에 달합니다. 이는 전 세계가 신재생에너지 개발에 쓴 돈의 절 반에 가까운 금액입니다. 사실 중국은 세계에서 가장 많이 탄소 를 배출하는 국가이기도 합니다. 인구가 13억 이상인 데다 산업 시설 또한 매우 많죠. 그러나 땅을 무분별하게 개발하고 석탄을 너무 많이 태우면서 중국의 물과 대기, 땅은 심각하게 오염되었 습니다. 중국 정부와 기업들은 태양광과 풍력, 수력 등 다양한 신 재생에너지 분야에 아낌없이 투자하고 있답니다. 환경 파괴를 막 기 위해 전력 생산의 토대를 화석에너지에서 신재생에너지로 바 꾸는 일이 절실해진 것이죠.

중국은 전기차와 배터리 산업에서도 세계 1위입니다. 2023년

한 해 동안 중국에서 판매된 전기차가 900만 대나 된다고 하네요. 세계 전기차의 절반 이상이 중국에서 팔린 셈입니다.

## 사막과 바다에서 찾는 에너지 선물 세트

중국의 서쪽에는 끝없이 펼쳐진 사막과 고원이 많습니다. 사막은 날씨가 맑아서 태양에너지를 얻기에 너무 좋은 장소예요. 최근 중국의 여러 사막이 태양에너지 발전소로 탈바꿈하고 있습니다. 내몽골 자치구에 있는 쿠부치 사막의 모래 언덕 위에는 20만 개의 태양광 패널이 세워졌어요. 줄지어 놓인 수많은 패널은 물결처럼 보이기도 하고, 말이 달리는 모습처럼 보이기도 하는 장관을 이룬답니다. 칭하이성에는 햇빛과 바람, 물로 전기를 만들고 남은 전기를 저장하는 시설까지 갖춘 에너지 발전 단지가 있습니다. 여러 재생에너지를 한데 모아 쓰는 '에너지 선물 세트' 같은 곳이죠.

중국은 땅뿐만 아니라 바다나 강, 호수 위에도 태양광 발전소를 짓고 있습니다. 중국 장쑤성 둥타이시 바닷가에 지은 태양광 발전소는 풍력 발전과 태양광 발전을 한 곳에서 할 수 있는 시설입니다. 산둥성 라이저우만 근처 바다에는 세계 최대 규모의 해상 태양광 발전소가 있습니다. 물 위에 태양광 패널을 세우면 물이 증발하는 현상을 줄이고 수온이 오르는 것을 막아 더 효율적으로 전기를 만들 수 있습니다. 바다 위에 발전소를 지을 때는 나

중국 쿠부치 사막의 태양광 패널

미래 에너지로 지구를 구한다면

무를 벨 필요가 없으니 땅 위에 짓는 것보다 환경 파괴 또한 적답니다. 그리고 발전기 아래는 해양생물이 알을 낳는 장소로 활용할 수 있습니다. 전기 생산과 어업을 동시에 할 수 있죠.

중국은 풍력 발전도 적극적으로 늘리고 있습니다. 북부와 해안 지역에는 바람이 세게 부는 곳이 많아요. 특히 바다 위에서 부는 바람은 강하고 일정해서 안정적으로 전기를 생산할 수 있습니다. 칭저우의 해상 풍력 단지에서 생산하는 전력량은 5기가와트로, 이는 원자력 발전소 5기에서 만드는 전력량과 맞먹는다고 해요. 발전기의 아랫부분에 설치한 바다 양식장은 어민과 상생을 이끄는 새로운 시설로 주목받고 있습니다.

이렇게 신재생에너지를 널리 개발하면서 중국은 이산화탄소 배출을 매년 약 25억 톤씩 줄이고 있습니다. 태양광 패널과 풍력 터빈, 배터리는 같은 아시아는 물론 아프리카와 유럽에도 수출하고 있습니다. 중국의 기술과 경험이 전 세계의 에너지 전환에도 큰 힘이 되고 있죠.

우리나라에도 산과 바다, 강 등의 다양한 자연환경이 있습니다. 만약 여러분이 에너지 혁신가라면 어떤 곳에 어떤 신재생에너지 발전소를 만들고 싶나요? 미국이나 중국처럼 도시 크기만 한 발전소를 지을 수도, 동네 건물 위에 태양광 패널을 설치하는 것부터 시작해 볼 수도 있겠죠. 미래에 어떤 재생에너지를 활용하면 좋을지 자유롭게 상상해 보세요.

지열에너지는 앞서 살펴보았듯 땅속 깊은 곳의 흙과 암석, 물의 열에너지입니다. 땅속에서 얻는 에너지는 1년 365일 날씨의 영향을 받지 않고 이용할 수 있습니다. 땅 위의 건축물까지 지열에너지를 끌어올려 냉·난방을 할 수 있다면 어떨까요? 늘 안정적으로 열기를 공급할 수 있겠죠?

우리나라에서는 지속 가능한 에너지를 널리 활용하기 위해 법을 만들었어요. 〈신에너지 및 재생에너지법〉에 따르면 연면적 1,000제곱미터 이상의 공공 건축물을 지을 때는 전체 에너지의 32퍼센트 이상을 재생에너지로 공급해야 합니다. 그런데 법에서 인정하는 재생에너지의 종류는 다양하지만, 도시에서 이용할 수 있는 에너지는 제한적입니다. 도시에서 풍력이나 수력을 활용하기에는 지리적인 제약이 크며, 바이오에너지나 쓰레기를 활용하려 해도 원료를 가공할 만한 넓은 장소를 마련하기 어렵습니다. 지열과 태양광은 도시 환경에서 활용하기에 가장 적합해요. 지열 시스템 개발자는 땅속 에너지를 끌어올려 건물에 사용할 방법을 연구하는 직업입니다.

지하의 평균 온도는 섭씨 15도이며, 1년 내내 온도가 거의 변하지 않습니다. 그래서 여름에는 땅속이 땅 위보다 시원하고 겨울철에는 더 따뜻하죠. 지열 시스템 개발자들은 여름철 냉방이 필요할 때는 건물 안의 열을 땅으로 흡수시키는 방법을 고안했어요. '히트펌프'라는 장치가 열을 흡수하고, 지열 교환기가 그 열을 땅속으로 이동시킵니다. 그리고 겨울철 난방이 필요할 때는 반대로 지열 교환기가 땅속의 열을 실내로 이동시키죠. 이 과정에서 온실가스나 오염 물질은 나오지 않습니다. 지열 시스템 개발자의 역할이 중요한 이유가 여기에 있습니다. 환경을 보호하면서도 에너지를 절약하는 데 큰 도움을 주는 일을 하는 것이죠. 난방 시설의 면적을 최소화하면서 에너지 효율을 높일 방법을 찾아낸다면 더욱 좋겠죠?

지열 시스템을 이해하고 설비를 개발하기 위해서는 지질학이나 건축공학, 기계공학 등의 분야에서 석사 이상의 학위가 필요합니다. 특히 지하에 있는 뜨거운 열을 이동시켜 전기를 만드는 히트펌프는 이 시스템의 핵심 기술이에요. 이를 다루려면 기계공학을 전공하는 것이 큰 도움이 됩니다. 기계공학 말고도 열역학이나 유체

역학, 환경공학 지식을 토대로 일하는 직업이기에 관련 지식을 풍부하게 쌓으면 좋습니다.

# 진로 찾기 폐기물 에너지화 전문가

우리나라 국민이 1년 동안 버리는 쓰레기의 양은 2021년 기준으로 1억 9,700만 톤 정도 된다고 합니다. 앞서 살펴보았듯 쓰레기도 훌륭한 자원으로 변신할 수 있습니다. 플라스틱부터 음식물, 동물의 똥오줌에 이르는 다양한 쓰레기를 열과 전기 등의 유용한 에너지로 바꾸는 사람이 바로 폐기물 에너지화 전문가입니다.

우리나라에서는 1995년 폐기물 종량제를 시행한 이후부터 쓰레기를 재활용하는 비중이 꾸준히 늘어났습니다. 2022년에는 전체 폐기물 중에서 76.2퍼센트 정도를 재활용했어요. 우리나라에서 음식물 쓰레기는 1년에 약 500만 톤이 나오는데 재활용률이 95퍼센트 이상이라고 합니다.

다시 쓸 수 없는 쓰레기는 땅에 묻거나 태웁니다. 그런데 땅에 묻힌 폐기물이 썩는 과정에서 상당한 메탄이 생깁니다. 메탄은 이산화탄소보다 20배 이상 강한 지구온난화 효과를 일으키는 기체여서 기후변화의 진짜 주범으로 지목받기도 합니다. 폐기물 에너지화 기술은 공기 중에 메탄이 많아지는 현상을 막을 수 있어요. 썩어 가는 쓰레기에서 나오는 가스를 에너지로 활용하는 것입니다. '바이오가스'는 음식물 쓰레기나 하수 찌꺼기, 가축의 똥오줌 등 유기성 폐기물이 썩으면서 생기는 가스예요. 여기에는 메탄과 이산화탄소가 섞여 있습니다. 이 가스를 모아 에너지 발전소로 보내면 전기도 만들고 대기오염도 막을 수 있어요.

폐기물 에너지화 전문가가 되기 위해서는 대학에서 화학공학·응용화학·에너지공학·환경공학 등을 전공하는 것이 좋습니다. 석사 이상의 학위가 필요하며, 기계 분야의 지식도 업무에 도움이 됩니다. 그리고 다양한 연구원들과 소통하며 기술을 개발하는 협업이 많이 이뤄지므로 원활한 의사소통 능력이 필요합니다. 책 속의 이론을 실생활에 적용하고 응용하는 능력도 중요하답니다.

# 4장

인공지능 시대의
똑똑한 에너지

4차 산업혁명 시대의 정보통신 기술은
에너지를 더 효율적으로 활용할 수 있게 하고,
환경을 지킬 뿐만 아니라
일상을 더 편리하게 바꿉니다.

# 인공지능을 삼킨 에너지

우리는 '4차 산업혁명'의 시대를 살고 있습니다. 인공지능과 사물인터넷, 빅데이터 등의 정보통신 기술로 디지털 세상과 현실을 연결하는 시대죠. 인터넷에 쌓인 엄청난 데이터를 바탕으로 다양한 분석이 가능한 시대이기도 합니다. 4차 산업혁명은 에너지를 개발하고 활용, 관리하는 기술도 편리하게 바꾸고 있습니다. 새로운 기술은 기후변화를 막는 데 어떤 도움을 줄 수 있을까요?

### 똑똑한 전력 시스템, 스마트 그리드

온실가스의 상당 부분은 화석연료로 전기를 만들 때 발생합니다. 전기를 딱 필요한 만큼만 만들면 에너지를 절약하고 온실가스를 줄이는 데도 도움이 되겠죠? 전력을 합리적으로 생산하기 위해 등장한 기술이 바로 '스마트 그리드'입니다. 똑똑하다는 의미의 스마트smart와 전력망을 뜻하는 그리드grid를 합친 이름으로, 우리말로 풀면 '지능형 전력망'이에요. 이 기술의 가장 큰 장점은 전력을 만드는 사람과 소비하는 사람이 빠르게 소통할 수 있다는 것입니다. 전기를 누가 얼마큼 사용하는지를 금방 파악하고 어디로 더 많이 보낼지를 판단할 수 있어요. 여기에 '스마트 미터'까지 도입하면 에너지를 매우 효율적으로 쓸 수 있습니다. 스마트 미터는 '지능형 계량기'라는 뜻이에요. 전기나 수도, 가스 등 여러 에너지의 사용량을 실시간으로 측정하는 기술로, 스마트 그리드에 정보를 제공합니다. 에너지를 사용하는 건물에 스마트 미터를 설치하고 전체 전력망을 스마트 그리드로 연결하면, 전기를 딱 알맞게 공급할 수 있겠죠?

덴마크의 수도 코펜하겐은 스마트 그리드와 스마트 미터를 적극적으로 도입했어요. 두 기술을 이용해 도로 위의 에너지를 하나의 중앙 플랫폼으로 관리하고 있습니다. 신호등도, 전기차도 모두 같은 시스템으로 연결한 것이죠. 코펜하겐에서는 대중교통의 75퍼센트 이상이 친환경 교통수단이라고 하네요. 건물에 사용하는 풍력, 태양광 등의 친환경 에너지도 같은 플랫폼으로 관리한다고 해요. 이처럼 4차 산업혁명 시대의 정보통신 기술은 에너지를 더 효율적으로 활용할 수 있게 하고, 환경을 지킬 뿐만 아니라 일상을 더 편리하게 바꿉니다.

스마트 그리드와 스마트 미터를 도입한 덴마크 코펜하겐

## 재생에너지와 인공지능의 만남

앞서 살펴보았듯 화석연료와 재생에너지는 에너지의 형태와 활용하는 방식에 많은 차이가 있습니다. 석탄과 석유 같은 화석연료가 특정 국가나 지역에서만 생산할 수 있는 자원인 반면, 재생에너지의 재료가 되는 태양이나 바람, 물은 지구 어디에나 있죠. 그래서 재생에너지 발전소는 한 곳에 집중되어 있지 않고 지구 전체에 퍼져 있으며, 전력을 생산하는 방식 또한 다양합니다. 사막처럼 햇빛이 강한 곳에서는 태양열 발전을 하기 좋고, 바람이 많이 부는 바닷가에서는 풍력 발전을 하기 좋습니다.

그러나 재생에너지는 날씨나 계절의 영향을 많이 받아서 전력 생산량을 예측하는 게 어렵습니다. 예를 들어 전 세계의 재생에너지 중 가장 비중이 높은 태양광으로는 눈이 내리면 전력을 거의 생산할 수 없어요. 태양광 패널은 기온이 너무 올라가면 효율이 떨어져서, 덥고 습한 여름보다 맑고 건조한 봄에 전기를 더 많이 만들 수 있습니다. 풍력은 바람이 불 때만 전기를 만들 수 있으니 전력 생산량이 들쭉날쭉하죠.

인공지능은 재생에너지의 불확실성을 줄이고 효율적으로 관리하는 도구가 될 수 있습니다. 다양한 지역에 퍼져 있는 발전소들을 하나로 통합하는 인공지능 시스템이 있다면 에너지를 훨씬 수월하게 관리할 수 있겠죠? 재생에너지로 생산하는 전력이 부족할 때, 정보통신 기술은 이를 빠르게 파악해 미리 저장해 둔 전력이나 화석연료로 대체할 수 있게 도와주기도 합니다. 재생에너지를 적극적으로 개발하고, 여기에 체계적인 인공지능 전력망까지 갖춘다면 언젠가 화석연료 대신 재생에너지만으로도 언제든 원활하게 전기를 사용하는 시대가 오지 않을까요?

에너지 산업의 디지털화가 진행되면 우리가 에너지를 개발하고 사용하는 방식이 획기적으로 바뀔 것입니다. 기술의 발전은 환경을 지키는 재생에너지에도 날개를 달아 줄 거예요.

# 알아 두면 쓸모 있는 에너지 절약법

기후위기에 대한 경각심이 커지면서 환경문제를 바라보는 사회의 시선도 이제는 많이 달라졌습니다. 이제 사람들은 제품을 구매할 때 단순히 품질이나 디자인만을 고려하지 않습니다. 해당 제품이 어떤 원료로 만들어졌는지, 어떤 생산과 유통 과정을 거쳤는지를 묻게 되었죠. 제품이 환경에 해를 끼치지 않고 만들어졌는지, 생산자가 동물실험을 불법으로 한 적은 없는지 등을요. 다시 말해 '제품의 전 생애 주기'에 관심을 두기 시작한 것입니다.

이러한 변화는 단순한 유행이 아니라, 오랜 시간에 걸친 환경 캠페인과 교육의 성과입니다. 지속 가능한 방식으로 생산한 제품을 선호하는 소비문화가 예전보다 널리 퍼지게 되었어요.

## 일상에서 탄소 발자국을 줄이려면

'탄소 발자국'이라는 말을 들어 본 적 있나요? 탄소 발자국은 일상생활에서 우리가 배출하는 탄소의 양을 측정해 숫자로 나타낸 것을 말합니다. 공기 중의 온실가스는 눈에 보이지 않아요. 그래서 우리는 매일 탄소가 얼마나 발생하는지 그 양을 가늠하기 어렵습니다. 탄소 발자국은 구체적인 수치로 사람들이 탄소의 양을 체감할 수 있게 도와줍니다.

온실가스를 이루는 기체로는 여러 종류가 있지만, 탄소 발자국은 이산화탄소를 기준으로 합니다. 온실가스의 배출량을 이산화탄소의 양으로 환산한 '이산화탄소 환산량$CO_2e$'이라는 단위로 표시해요. 일상에서 어떤 행동이 이산화탄소를 얼마큼 줄이는지 살펴볼까요?

탄소 발자국을 지우는 가장 손쉬운 방법은 물건을 덜 구매하고 쓰레기를 줄이는 것입니다. 우리가 구매하는 물품이 생산되는 과정에서는 엄청난 양의 탄소가 발생해요. 그래서 과소비하는 습관을 줄이는 것만으로도 탄소를 줄일 수 있습니다. 가정에서 실내 온도를 조절하는 것도 탄소를 줄이는 데 큰 도움이 됩니다. 냉방 온도는 1도씩 높이고, 난방 온도는 1도씩 낮추면 가구당 연간 231킬로그램의 이산화탄소가 감소하게 됩니다. 이는 매년 46.2그루의 나무를 심는 효과와 맞먹죠.

샤워 시간을 1분만 줄여도 연간 7킬로그램의 이산화탄소가 감

| 분야 | 매일 실천하는 생활 수칙 | 이산화탄소 저감량(년) |
|---|---|---|
| 전기 | 안 쓰는 TV·세탁기·밥솥 플러그 뽑기 | 12.6kg |
| | 세탁 횟수 주 1회 줄이기 | 2.5kg |
| | 하루 1시간 불 끄기(형광등 6개 기준) | 15kg |
| 자원 | 종이 타올 대신 개인 수건 쓰기 | 10.5kg |
| | 비닐봉투 대신 장바구니 쓰기 | 2.5kg |
| | 물 받아서 설거지하기 | 4.8kg |
| | 수입 식품 10퍼센트 덜 먹기 | 16.7kg |
| 교통 | 일주일에 1회 도보·자전거 이용하기 | 25.1kg |
| | 하루 5회 급제동·급출발 하지 않기 | 26.3kg |
| | 자동차 에어컨 사용 20퍼센트 줄이기 | 22.7kg |
| 냉·난방 | 단열재 사용하기 | 71.4kg |
| | 보일러 사용 시간 1시간 줄이기 | 138.3kg |
| | 내복 입기 | 2.9kg |

탄소 발자국을 줄이는 생활 습관

소한다고 해요. 1년 동안 주 2회만 샤워를 하면 매일 샤워를 할 때보다 700킬로그램의 이산화탄소가 줄어든다고 합니다. 이는 140그루의 나무를 심는 효과와 같아요. 사용하지 않는 전기 플러그를 콘센트에서 빼놓아 대기 전력을 줄이는 것도 좋은 방법입니다. 가정에서 소비되는 전력의 11퍼센트가 대기 전력이라고 해요. 지구를 위해 빈방의 불을 끄는 것을 잊지 말아야겠죠?

## 자발적 실천으로 만드는 지속 가능한 사회

에너지를 아끼고 탄소를 줄이는 방법은 이 밖에도 아주 다양해요. 가전제품을 구매할 때는 에너지 소비 효율이 높은 제품을 구입합니다. 친환경 소재 제품을 사용하고, 재활용 쓰레기와 일반 쓰레기를 구분해서 버립니다. 승용차보다는 대중교통을 이용하는 것이 환경에 좋고, 승용차를 운전할 땐 갑자기 속도를 올리거나 멈추지 않는 습관을 들입니다. 차는 갑자기 엔진을 쓸 때 더 많은 에너지를 쓰거든요. 숲을 함부로 훼손하지 않고 보존하는 노력도 이어 가야 합니다. 우리가 의지만 있다면 삶에서 실천할 수 있는 여러 쉬운 방법들입니다.

기후변화에 대응하려면 누군가의 강요로 마지못해 행동하는 것이 아니라, 내면의 동기와 책임감을 바탕으로 스스로 실천에 나서야 합니다. 실천이 있어야 변화는 비로소 가능해집니다.

인구가 늘고 경제가 성장하면 사람들이 쓰는 전력량 또한 늘어납니다. 우리가 필요한 만큼 전력을 얻지 못한다면 어떻게 될까요? 일상이 멈추고 사회에 큰 혼란이 오겠죠. 스마트 그리드 운영원은 각 지역에 전력을 적절하게 공급해 우리 사회가 원활히 굴러가게 돕는 사람입니다. 가정부터 동네, 도시까지 사회 곳곳에 연결된 전력망을 관리하는 일을 하죠.

앞서 살펴보았듯 스마트 그리드는 도시의 에너지 효율을 높이는 기술입니다. 전기 생산자와 소비자에게 전기 사용량과 공급량을 빠르게 알려줘서 효율적으로 전기를 관리해요. 또한 신재생에너지 발전소뿐만 아니라 자동차와 빌딩, 가정 등 전기를 생산하거나 쓰는 다양한 장소와 연결되어 있어요. 스마트 그리드 운영원은 각지의 전력 사용량을 취합해 살펴보며 전기가 얼마나 더 필요할지 예측합니다. 이때 스마트 미터를 이용해 건물에서 사용하는 전력량을 빠르게 잽니다. 전기가 많이 필요한 곳에는 '에너지 저장 장치'에 미리 저장해 둔 전기를 보내기도 합니다. 에너지 저장 장치란 발전소에서 만든 에너지를 모아 두는 대용량 배터리입니다. 전기 사용량이 갑자기 확 늘어난 때에 전력을 알맞게 공급하도록 돕는 장치예요. 다양한 설비를 관리하는 스마트 그리드 운영원은 전기공학, 정보통신 기술을 잘 알아야 하며 관련 자격증을 취득하는 것이 좋습니다.

스마트 그리드는 폐쇄적인 기존 전력망과는 달리 개방형 구조여서 사이버 공격에 취약하다는 단점이 있습니다. 스마트 미터는 2020년 5월을 기준으로 962만 호의 가정에 공급되었으며 앞으로 더 널리 보급될 거예요. 그렇기에 이 시스템이 해킹을 당한다면 사회적 손실이 어마어마하게 커질 수 있습니다. 전력망의 데이터를 보호하는 일이 굉장히 중요한 이유도 여기에 있습니다. 전력망에 접근할 권한을 인증하는 시스템을 만들어 해커의 침투를 막는 일, 손상된 데이터를 복구하는 일 역시 중요해지는 것이죠. 그래서 스마트 그리드를 관리하는 일에는 인공지능 전문가와 보안 기술 전문가, 시스템 설계자 등 다양한 분야의 전문가와 협업이 필요합니다.

건물이나 시설이 에너지를 얼마나 효율적으로 쓰고 있는지, 혹시 낭비하고 있지는 않은지 꼼꼼하게 점검하고 개선책을 제시하는 사람이 바로 '에너지 진단 전문가'입니다.

에너지 진단 전문가는 에너지가 어떻게 사용되는지 데이터를 수집하고 분석합니다. 현장을 직접 방문하기도 해요. 전기 사용량이 많은 기계나 조명, 난방 시스템이 제대로 작동하는지 살핍니다. 열화상 카메라로 건물의 단열 상태를 점검하거나 각종 계측기로 에너지의 흐름을 재기도 하죠. 이렇게 모은 데이터를 바탕으로 에너지 절약을 위한 구체적인 개선 방안을 제안합니다.

실제로 어느 대형 마트에서 에너지 진단 전문가의 조언을 받아 냉장고 문을 자동으로 닫는 장치를 설치하고 조명을 LED로 바꾸어 연간 전기요금을 수천만 원이나 줄였습니다. 학교에서 오래된 보일러를 고효율 기기로 교체하고 창문 단열을 강화해 겨울철 난방비를 크게 줄인 사례도 있습니다.

에너지 진단 전문가는 정부나 지방자치단체의 환경 관련 부처는 물론 대기업, 에너지공단 등 다양한 곳에서 일할 수 있습니다. 이 분야에서 일하려면 기계공학·전기공학·에너지공학·건축공학 등 이공계열을 전공하면 좋습니다. 에너지 진단 전문 기업이나 에너지 컨설팅 회사, 공공기관 등에서 인턴십이나 실무 경험을 쌓아도 좋습니다. '에너지관리기사'나 '건물에너지진단사' 등 관련 자격증을 취득하는 것도 도움이 된답니다. 현장에서는 고객에게 에너지 진단 결과를 쉽게 설명하는 소통 능력도 중요합니다. 꼼꼼한 성격에 문제해결 능력이 좋은 사람에게 어울리는 직업입니다. 에너지 절약에 관심과 책임감 또한 있다면 더욱 좋겠죠?

전 세계적으로 에너지 절약과 탄소중립이 중요한 과제로 떠오르면서, 에너지 진단 전문가의 역할은 점점 더 중요해지고 있습니다. 사회 곳곳에서 에너지 효율을 높이고 비용을 절감하려는 움직임이 꾸준히 늘고 있습니다. 앞으로 에너지 진단 전문가의 활동 영역은 스마트 빌딩이나 친환경 공장 등, 신재생에너지를 활용하는 다양한 장소로 더욱 확대될 전망입니다.

우리 사회에 에너지 절약과 환경 보호, 경제적 이익까지 모두 가져다주는 직업에 여러분도 한번 도전해 보는 건 어떨까요?

## 진로 찾기 에너지 절약 제품 디자이너

우리가 쓰는 가전제품을 보면 에너지 소비 효율 등급이 표시되어 있습니다. 등급이 높을수록 에너지 효율이 높아서 전기와 물 등의 에너지를 덜 씁니다. 에너지 절약 제품 디자이너는 에너지를 효율적으로 쓰는 제품을 설계하는 직업입니다. 지속 가능한 기술을 창의적으로 활용하는 일을 하죠.

　에너지 절약 제품 디자이너는 가전제품과 조명, 건축 등 다양한 분야에서 활약합니다. 제품의 어디에서 에너지가 낭비되는지를 분석하려면 제품을 움직이는 과학 원리를 잘 알아야 합니다. 전기에너지, 태양에너지 등 재생에너지의 기본 원리 또한 잘 이해해야 해요. 때로 기술적인 한계나 비용 문제로 원하는 디자인을 하지 못할 수도 있어요. 그래서 주어진 것으로 문제를 해결하는 능력 또한 필요합니다. 기술 개발자와 협업하는 능력도 필요하고요.

에너지 절약 제품 디자이너가 되기 위해서는 산업디자인이나 기계공학을 전공하면 좋습니다. 인턴십에 참여해 실무 경험을 쌓는 것도 중요합니다. 그리고 최신 디자인 트렌드와 기술을 꾸준히 배우려는 자세가 필요해요. 업무 현장 안팎을 다양하게 탐색하는 일이 도움이 되죠. 디자인이나 과학기술 학회에 참석하거나 전시장에 자주 방문해 최신 정보를 습득할 수 있습니다. 꾸준히 공부하다 보면 디자인의 질을 높이고 새로운 아이디어를 떠올리는 데 도움이 됩니다.

에너지 절약 제품 디자이너는 우리 일상을 지속 가능한 형태로 바꾸는 보람 있는 직업입니다. 여러분도 기발한 아이디어를 발휘하는 디자이너가 되어 보면 어떨까요? 편리하면서도 유용한 제품으로 환경을 지키는 데 보탬이 될 수 있어요.

직접 해보는 **진로찾기**

하고 싶은 일을 하려면 무엇을 준비해야 할까?
관심 있는 직업을 직접 조사해 보자.

| 나의 관심사 | |
| --- | --- |
| 나의 성격 | |
| 좋아하는 공부 | |
| 내가 되고 싶은 직업 | |

| 이 직업이 하는 일 | ❶ |
| --- | --- |
| | ❷ |
| | ❸ |
| | ❹ |
| | ❺ |

| | |
|---|---|
| **진출 분야** | |
| **필요한 능력** | |
| **해야 할 공부 및 활동** | |
| **관련 자격증** | |
| **이 직업의 롤 모델** | |

# 참고 자료

## 도서

- 남성현 지음, 《반드시 다가올 미래》, 포르체, 2022
- 박상욱 지음, 《기후 1.5℃ 미룰 수 없는 오늘》, 초사흘달, 2022
- 브라이언 블랙 지음, 노배톡 옮김, 《에너지 세계사》, 씨마스21, 2023
- 안희민 지음, 《재생에너지와의 공존》, 크레파스북, 2022
- 이인화·최승현 지음, 《반드시 다가올 미래》, 지우북스, 2019

## 보고서 및 간행물

- 고동휘 외, 〈국내외 해양에너지 기술개발 동향〉, 한국해양과학기술원, 2023
- 기상청, 〈기후분석정보〉, 2023년 1월호
- 김이진, 〈기후변화협상의 이해〉, 한국환경정책·평가연구원, 2023
- 민기복, 〈EGS 지열발전 기술 현황과 전망〉, 《한국에너지저널》 제8권 4호, 2012
- 박민희·최희선, 〈탄소중립 학습자료집(요약본)〉, 2050 탄소중립녹색성장위원회, 2021
- 소비자시대 편집부, 〈나의 탄소발자국 "오늘은 얼마나 배출했나요?"〉, 한국소비자원, 2018
- 여준석·정예슬, 〈핵융합에너지〉, 한국과학기술기획평가원, 2020
- 오채운·송예원·김태호, 〈IPCC 제6차 평가보고서 종합보고서 기반, 기후기술 대응 시사점〉, 국가녹색기술연구소, 2023
- 조기숙 외, 〈폐자원 에너지화 기술동향보고서〉, 한국환경산업기술원, 2013
- 한국가스기술공사, 〈안전한 세상, 행복한 미래를 여는 깨끗한 에너지! 수소〉, 한국가

스기술공사, 2020
- 한국에너지공단 신·재생에너지센터, 〈2022 신재생에너지 백서〉, 한국에너지공단, 2022
- 한국투자증권, 〈지구가 주는 무한에너지, 지열〉, 2018

## 웹사이트

- 국제앰네스티 www.amnesty.org
- 국제에너지기구 www.iea.org
- 글로벌 에너지모니터 www.globalenergymonitor.org
- 민간LNG산업협회 www.lngkorea.or.kr
- 신재생에너지 데이터센터 자원지도 분석 시스템 www.kier-solar.org/user/gis/map/sl
- 에너지경제연구원 www.keei.re.kr
- 유레카 알러트 www.eurekalert.org
- 주수단 대한민국 대사관 sd.mofa.go.kr
- 중국 국가에너지국 www.nea.gov.cn
- 커리어넷 www.career.go.kr
- 코트라 해외시장 뉴스 dream.kotra.or.kr
- 한국수력산업협회 www.hydropower.or.kr
- 한국에너지공단 신·재생에너지센터 www.knrec.or.kr
- 한국에너지정보문화재단 www.e-policy.or.kr
- 한국환경보전원 www.gihoo.or.kr

## 기사

- 〈[기후 위기와 해양] ⑮ 국내 '해양에너지 발전' 어디까지 왔나?〉, 연합뉴스, 2022.04.30
- 〈[기후 위기의 치료제, CCUS] 韓 기술·정책 과제 산적…해외 선례는〉, 파이낸셜투데이, 2023.08.23
- 〈[최준호의 첨단의 끝을 찾아서] 대장균으로 휘발유 뽑고 색소 만들어…석유시대 끝날 것〉, 중앙일보, 2021.06.26

- ⟨[오철우의 과학풍경] '바이오연료'로 나는 비행기⟩, 한겨레, 2022.06.28
- ⟨땅속엔 끓는 물, 땅위엔 폭포 1만개… 친환경 발전 강국, '환경'이 달랐다⟩, 조선일보, 2019.08.19
- ⟨美, 사상 최대 '14조원 풍력발전' 첫삽⟩, 한국경제, 2024.01.15
- ⟨바다위 태양광발전, 중국 세계최대 1GW급 착공⟩, 뉴스핌, 2023.11.14
- ⟨바이오매스 논쟁, '친환경 재생에너지 VS 양털을 쓴 화석연료'⟩, 종합시사매거진, 2021.08.22
- ⟨[영상] 오직 재생에너지 보급 위해… 한반도 절반 길이 송전선 짓는 뉴욕⟩, 한국일보, 2022.09.17
- ⟨이산화탄소 농도 사상 최고치… 올여름 폭염 '예고된 현실'⟩, 파인드비뉴스, 2025.07.08
- ⟨中 세계 최초 기록 세운 지 30일만에…佛, '인공태양' 세계 최장시간 돌렸다⟩, 한국경제, 2025.02.20
- ⟨중국 경제 중심에 '기후'…세계 최대 재생에너지 국가 된 中⟩, 머니투데이, 2024.12.22
- ⟨지열발전은 지하 깊은 곳 뜨거운 물 뽑아올려 전기 생산⟩, 한국경제 생글생글, 2019.04.01
- ⟨탄소 중립의 게임 체인저, "CCUS(탄소 포집·활용·저장 기술)" 살펴보기!⟩, GS칼텍스 미디어 허브, 2023.01.11.

## 사진 출처

- 32쪽 МЧС России / Wikimedia
- 50쪽 資源エネルギー庁 / Wikimedia
- 69쪽 Youngjin / Wikimedia
- 80쪽 Mariordo / Wikimedia
- 82쪽 Quadra7677 / Wikimedia
- 85쪽 Raccoon Dog / Wikimedia
- 89쪽 Ulrich Lange, Bochum, Germany / Wikimedia
- 92쪽 GIZ Bush Control and Biomass Utilisation Project / Wikimedia
- 95쪽 CSIRO / Wikimedia
- 102쪽 Christophe Roux / Wikimedia

- 120쪽 Poli.mara / Wikimedia
- 133쪽 Hansueli Krapf / Wikimedia
- 135쪽 Henrik Hansen / Wikimedia
- 138쪽 Mathieu Neville / Wikimedia
- 140쪽 Sakoppi / Wikimedia
- 146쪽 Michael Adams / Wikimedia
- 148쪽 Matthew T Rade / Wikimedia
- 152쪽 www.cadmm.com
- 163쪽 Pudelek / Wikimedia

# 교과 연계

**통합과학 2**

Ⅱ. 환경과 에너지

   2. 에너지

Ⅲ. 과학과 미래 사회

   1. 과학의 유용성과 빅데이터의 활용

   2. 과학기술의 발전과 윤리

**통합사회 1**

Ⅲ. 자연환경과 인간

   2. 자연환경의 변화 속에서 안전하고
     쾌적하게 살아길 권리

   4. 환경 문제의 발생과 해결을 위한
     노력

Ⅴ. 생활공간과 사회

   1. 산업화와 도시화에 따른 우리
     생활의 변화

   4. 교통·통신 및 과학기술에 발달에
     따른 변화

**통합사회 2**

Ⅱ. 시장경제와 지속가능발전

   3. 지속가능발전을 위한 시장
     참여자의 역할과 책임

Ⅴ. 미래와 지속가능한 삶

   3. 자원의 분포와 소비 실태

   4. 기후변화에 대한 대응과 지속
     가능한 발전

   5. 미래 사회와 세계시민으로서의
     삶의 방향

다른 인스타그램

뉴스레터 구독

# 미래 에너지로 지구를 구한다면

수소전지부터 인공태양까지 기후위기 시대의 과학

초판 1쇄   2025년 11월 17일

지은이   박순혜 이효정

펴낸이   김한청
기획편집   원경은 차언조 양선화 양희우 장민기
마케팅   정원식 이진범
디자인   이성아 황보유진
운영   설채린

펴낸곳  도서출판 다른
출판등록 2004년 9월 2일 제2013-000194호
주소 서울시 마포구 동교로27길 3-10 희경빌딩 4층
전화 02-3143-6478  팩스 02-3143-6479  이메일 khc15968@hanmail.net
블로그 blog.naver.com/darun_pub  인스타그램 @darunpublishers

ISBN 979-11-5633-730-0  44000
ISBN 979-11-5633-250-3 (세트)

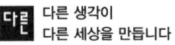

다른 생각이
다른 세상을 만듭니다

깔고 아ー치식으로된 대문앞에는 세파ー드가 한 마리 한가스럽게 낮잠
을 자고있었다.

　「이런 벽촌에 저렇게도 아름다운 방갈로ー를 지은사람은 누구일꼬?」
나는 그것이 대단히 마음에 걸려서 그날밤 주인영감께 물었더니 「아 그
집 말슴입니까. 주인은 뭐 시인이라는데 고향은 단천이라고 그러더군요」

　하고 말하는 것을 들어본즉 그는 어여쁜 안해를 위하야 금년봄에 이
한적한 숲속에 탐탁한 '사랑의 집'을 지은 후 종달새와 같이 명랑하고
괴꼴새와 같이 아름다운 안해와 손목을 쥐고 거히 매일처럼 해변으로
산으로 돌아다닌다고 한다.

　그 이튿날 아침 나는 그림터로 찾어가는 도중에 숲새ㅅ길을 돌아서
그 방갈로ー 앞을 지나보았다. 문패에는 단지 '추암'이라고만 써잇고 또
한편에는 대리석에다가 '사랑의 집'이라고 주홍빛 글짜가 박혀있었다.

　나는 호기심에 끌리여 문득 대문안을 들여다보니 곱게 깔린 잔디밭
옆에 가을화초가 만발한 화단이 있었고 들창문턱에 나란히 걸처앉어서
기타ー를 히롱하고있는 남녀의 뒤ㅅ모양이 황금색 햇빛속에서 꿈결같
이 바라보이였다.[26]

주변 지역과 고립된 한 채의 문화주택, 귀국 후 김내성의 단편 속에
빈번하게 등장하는 '문화주택'은 1930년대 대경성건설계획 속에서 경
성 지역에 속속 들어서기 시작했던 역사적 공간으로서의 '문화주택'이
아니다. 여기 등장하는 '문화주택'은 식민지 현실과 긴밀하게 연결된
여타 벽촌의 삶과 끊임없이 분리됨으로써, 오히려 비현실적 환상 세계
를 형성해낸다. 그 결과 작품 내에는 역사가 소멸되고, 현실이 소멸된
기묘한 세계가 형성된다. 등장인물들이 항상 '나나'라든가, '추암', '추
강', '루리' 등 조선적 특징을 찾기 힘든, 무국적의 이름을 지니고 있는

---

26) 김내성, 「광상시인」, 『조광』, 1937. 9, 330~331쪽.

것은 이 때문이다. 이것이 바로 역사에 대해, 근대에 대해, 그리고 과학
과 제국주의의 산물로서의 탐정소설이라는 문학장르에 대해서 김내성
이 지닌 인식의 한계이다.

정통탐정소설에 반기를 들고 '델리케이트한 인정의 교착', 혹은 '인
간 심리'를 그려내려고 하면서도 김내성은 그 반기의 기저를 이룬 "'과
학'에 대한 맹목적 신뢰에 의해 성립되는 '논리'의 절대성"27)의 무화(無
化), 자아에 대한 불신의 의식이 끊임없이 역사 속 인간의 삶과 연결되
고 있다는 점을 감지하지 못했던 것이다. 김내성 단편들에 등장하는 인
물들의 이상심리가, 근대 대도시 형성과정에서 끊임없이 소외되고, 파
편화된 '개인'의 삶과 연결되지 못한 채, 그로테스크한 느낌으로서만
떠도는 것은 그 때문이다. 유불란의 내밀한 심적 갈등이 첨가된 조선어
번역본 「가상범인」을 읽으면서 안회남이 부정적 평가를 내렸던 것은
이 점에서 당연한 결과였다고 할 수 있다. 그렇다면 단지, 이와 같은 문
제점이 김내성 개인의 인식의 한계에서만 비롯된 것이었을까.


## 4. 식민지 조선과 제국의 문학으로서의 탐정소설

그러나 「탐정소설가의 살인」 번역과정에서 나타나는 탐정소설로서의
긴장력 약화 문제가 탐정소설 본질에 대한, 혹은 근대에 대한 김내성
인식의 한계에서 비롯되었던 것만은 아니었던 듯하다. 일본어가 조선어
로 번역되는 순간, 거기에는 일본과 조선간의 단순한 문화적 차이를 넘

---

27) 一柳廣孝, 「さまよえるドッペルゲンガ」, 吉田司雄編著, 『探偵小說と日本近代』, 靑弓社,
     2006, 113쪽.

어, 제국과 식민지, 근대와 전근대라는 보다 본질적 차이가 복잡하게 얽혀들기 때문이다. 이는 달리말하자면 번역 과정에서 발견되는 다양한 변화들이 김내성 개인의 작가적 역량이라든가, 의도와 무관하게 발생한 것일 수도 있음을 의미하는 것이기도 하다. 분명히 그와 같은 점이 「탐정소설가의 살인」의 조선어 번역과정에서는 발견된다. 번역 과정에서 일어나는 두 가지 주목할 만한 변화 중, 사랑 관련 에피소드 첨가를 제외한 나머지 하나, 즉 사건해결 과정 변화가 그 단적인 예로서 제시될 수 있다. 일본어 원작 「탐정소설가의 살인」은 셜록 홈즈류의 서구정통 추리물의 일반적 구도를 그대로 답습하고 있다. 사건 발생, 다양한 트릭 제시, 그리고 결말부, 탐정에 의한 사건해결과 추론과정. 물론, 「탐정소설가의 살인」에서는 결말부, 사건해결을 장식하는 것이 '탐정' 유불란이 아니라 'H검사'라는 점에서 약간의 차이가 있기는 하지만 결과적으로는 동일한 구도를 보이고 있다. 그러나 번역 과정에서 결말부, 사건해결방법이 수정되면서 이 정석적인 구도에 다소 변화가 일어나고 있다.

「탐정소설가의 살인」 결말부는 단순하다. H검사가 등장하여 박영민과 이몽란, 두 살해 사건 범인으로서 나용귀를 지적한 후, 완전범죄에 가까운 그의 범죄를 치밀한 논리적 추론 과정을 통해 해결해간다. 그러나 일본어원작 「탐정소설가의 살인」 결말부에 등장하는 이 치밀한 추론 과정이 조선어로 번역되는 과정에서 상당 부분 약화되고 있다. 예를 들어서 유불란이 연인 이몽란 살인 사건에 어떻게 의도치 않게 연루되어버렸는지를 H검사의 추론을 통해 제시하던 일본어 원작과 달리 조선어 번역본에서는 사건에 연루된 인물이 등장하여 독자들이 이해하기 쉽도록 모든 상황을 재연하면서 '설명'해주는 것이다. 그 과정에서 '독자의 지적 활동'을 요구하는 추론은 배제되고, 대신 사건에 대한 친절한 '설명'이 그 자리를 차지해간다. 논리적으로 완벽하게 잘 조합된 한 편의 탐정소설 「탐정소설가의 살인」이 아닌, 탐정소설로서의 구도가 다소 와해된 「가상범인」이라는 정체불명의 작품이 탄생하고 있는 것이다. 안회남이 읽은 것이 바로 이 작품, 어눌한 심리묘사가 개입되고, 추론의 과정이 와해된 「가상범인」이다. 「가상범인」을 '본격탐정소설'로서 인정할 수 없다는 안회남의 발언이 충분히 이해가 되는 것이다.

그렇다면 김내성은 왜 탐정소설로서의 구도 붕괴까지 초래하면서 '추론' 과정을 포기했던 것일까. 「가상범인」 발표 이 년 후인 1939년 『조광』에 코난 도일의 「얼룩띠의 비밀 The Adventure of Speckled Band」을 「심야의 공포」라는 제명으로 번역하면서 김내성은 동일한 문제점을 반복해서 드러내고 있다. 범죄발생, 절묘한 트릭 구사, 치밀한 논리적 추론 등 탐정소설의 정석을 보여준 원작과 달리 번역의 과정을 거치면서 조선어 번역작 「심야의 공포」는 트릭과 추론이 전면 배제된 채, 기괴한 사건발생과 해설만으로 이루어진 한 편의 모험소설, 혹은 괴기소설로서 재탄생된다.28) 일본어 탐정소설 「탐정소설가의 살인」이 「가상범인」이라는 제명의 조선어로 번역되면서 발생했던 '분열'과 '파탄'이 「얼룩띠의 비밀 The Adventure of Speckled Band」의 번역 과정에서도 동일하게 발생하고 있는 것이다. 언어의 변화에 수반된 이 기묘한 변모의 과정을 어떻게 이해해야 할 것인가.

이 지점에서 탐정소설 성립요건에 관한 다음의 규정, "탐정소설은 범

---

28) 서구탐정소설의 번역과정에서 발견되는 이와 같은 문제점에 대해서는 졸고, 「번역과 번안 간의 거리」(『현대소설연구』, 2010. 9)를 참조 바람.

죄자가 몸을 숨길 수 있는 대도시의 성립, 그들을 쫓는 과학적인 경찰
제도의 확립, 범죄사건을 센세이셔널하게 보도하는 미디어의 발달, 그
독자인 「대중」의 등장 등의 제요소에 의해서 만들어지는 복합적인 건
축물"29)이라는 규정은 주목할 만하다. 탐정소설이 대중종합잡지뿐 아
니라, 순문예소설만을 게재하던 고급 잡지에까지 진출하고, 탐정소설전
집이 출간되던 1920년대 말, 말 그대로 탐정소설 시대의 도래를 맞은
일본사회를 바라보면서 일본문학평론가 히라바야시 하츠노스케(平林初之
輔)는 "일본인의 문명, 오랜 기간 비과학적인 전통 속에 성장해온 일본
인의 이데올로기는 아직 충분하게 탐정소설을 만들어내기에 적합할 정
도로 발달하지는 않았다"30)고 지적하고 있다. 그렇다면 이 지적을 김내
성이 귀국하여 작품 활동을 시작했던 1930년대 후반 조선으로 옮겼을
때 어떤 결과가 나타날까. 과학기계문명의 발달, 대도시의 성립, 미디어
의 발달, 그리고 독자대중의 성립과 같은 제 요건들을 충족시킬만한 여
건들이 1930년대 후반의 조선에서는 마련되고 있었던 것일까. 이는 어
떻게 본다면 앞서 『아사히(朝日)신문』에서 언급되었던 한국대중사회의
성립에 관한 논의와 연결되어 있는 문제이기도 하다.

　김내성이 와세다대학 독법학부를 졸업하고 조선으로 귀국한 것이
1936년, 일 년 후인 1937년 그는 조선어 첫 작품 「가상범인」을 『조선
일보』에 발표한다. 이 시기 조선은 한편으로는 중일전쟁, 그리고 한편
으로는 '백백교 사건'이라는 전대미문의 사이비종교 사건의 회오리바람
속에 들어가 있었다. 거의 동시다발적으로 발생한 이 두 사건 중 백백

---

29) 一柳廣孝, 「さまよえるドッペルゲンガ」, 앞의 책, 111~112쪽.
30) 平林初之輔, 「大衆文學について」, 『平林初之輔文藝評論全集』中, 文泉堂書店, 211쪽.

백백교 교주 전용해의 사진 및 사건 전말을 다룬 기사
「백백교 사건의 정체」(『조광』, 1937. 6)

교 사건은 일견 당대 조선사회의 근대성 정도를 엿볼 수 있다는 점에서
주목할 만하다. 백백교 사건이란 동학의 한 종파로 출발했던 백백교 교
주 전용해와 간부들이 십여 년에 걸쳐 346명의 신도를 집단 살육한 죄
목으로 검거된 사건을 말한다. 이 사건은 1937년 4월 13일자 『조선일
보』 호외에 사건 전모를 다룬 기사가 게재되면서 세간에 알려진 후, 마
침내 1940년 3월이 되어서야 최종 공판이 진행, 사건자체가 완결된
다.31) 살해당한 사람들을 위한 합동위령제까지 개최될 정도로 조선사회

---

31) 이상의 상황에 대해서는 「백백교 사건의 정체」(『조광』, 1937. 6)와 채정근의 「백백교 사
    건 공판방청기」(『조광』, 1940. 5)을 참조했음

에 큰 충격[32]을 불러일으킨 이 사건에 대해서 당시 잡지의 한 논설에서는 "조선에 이같이 무서운 범죄가 있었다는 것은 조선문화가 아직도 엷"[33]다는 것이라면서, 조선의 전근대성을 그 원인으로서 지적하고 있다.

김내성이 귀국 후 직면한 것은 이처럼 '문화가 아직도 엷'은 전근대적인 조선이었다. 그 조선이란 달리 말하자면 김내성이 지향하고 있던, '과학적 기계문명의 발달을 전제'로 한 탐정소설의 세계와는 결코 양립할 수 없는 세계였다. '탐정소설'이라는 지극히 근대적 문학을 들고, 전근대적 세계로 돌아왔던 김내성의 심경이 어떠했을까는 충분히 상상이 된다. 물론 김내성이 봉착했던 문학과 세계간의 간극이 단지 '백백교 사건'에서 비롯된 것만은 아니었다. 전체 인구 이천삼백만을 넘어선 1937년의 조선에서 삼대 일간지를 합한 총 발행부수가 십 칠 만부 정도,[34] 독자들에게 선호되던 대중잡지 『야담』의 판매부수가 겨우 구 천부 징도,[35] 그리고 조선인 가정 리디오 청취 등록대수가 시만대 정도에 불과했다. 말하자면 김내성이 귀국하여 「가상범인」을 발표한 시기 조선은 '범죄사건을 센세이셔널하게 보도'할 미디어의 발달은 물론, 그 독

---

32) 이 사건은 취조 완결된 12월 16일 관할서인 동대문서의 주도로 전국 각지의 유족들을 불러 살해된 영혼을 위한 합동 위령제가 거행될 정도로 전사회적인 관심을 불러일으켰다(이에 대해서는 『동아일보』, 1937. 12. 12. 기사 참조).
33) 채정근, 「백백교 사건 공판방청기」, 『조광』, 1940. 5.
34) 1937년 발행된 『동아일보』의 부수는 55,783부, 『조선일보』는 70,981부, 『매일신보』는 44,600부로 총합계 171,364부였다. 이상의 사항에 대해서는 정진석의 『한국언론사』(나남, 1990, 553쪽)에서 재인용.
35) 김동인은 「문단삼십년의 자취」에서 『야담』잡지를 발행하여 9,000부씩 팔려도 "다음호를 찍기 위해서 비용을 더처넣어야 했다"고 언급하고 있다(김동인, 「문단삼십년사」, 『김동인전집』 6, 삼중당, 1976). 이때는 김동인이 잡지 발행인으로 있을 1935~6년으로 이해되며, 당시 『야담』이 꽤 인기 있는 잡지였음을 고려할 때, 종합대중잡지를 표방한 『조광』이나 『삼천리』의 판매부수는 이보다 훨씬 적었을 것으로 추측된다.

자인 '대중'의 등장 역시 기대할 수 없는 상황이었던 것이다. 1923년 관동 대지진 후 동경에만 열 개가 넘는 신문사가 있었고, 그 중 『동경일일신문』 하나의 발행부수가 70만부에 달하는가 하면, 백만 잡지를 겨냥한 『킹구』 등 다수의 종합대중잡지들이 이미 이 시기부터 창간되어 대중들에게 활발하게 소비되고 있던 제국의 문화적 풍토 속에서 돌아온 김내성에게 이 양국 간의 거리감이란 말로 표현하기 힘든 것이었음은 분명하다.[36]

그러므로 일본어 원작 「탐정소설가의 살인」이 「가상범인」이라는 조선어로 번역되는 순간 거기에는 일본어와 조선어 간의 단순한 차이를 넘어, 김내성이 절감했던 제국과 식민지, 근대와 전근대 간의 거대한 거리감이 깊게 내재되어 있었다고 할 수 있다. 그 거리감이란 '언어'에 묻어오는 문화적 풍경의 차이, 그 이상의 것이었다. 그런 점에서 본다면 치밀한 논리적 추론에 기반하여 한 편의 잘 구성된 탐정소설 「탐정소설가의 살인」에서 추론과정이 가능한 한 배제되고, 신파적 요소가 강하게 가미된 느슨한 구도의 「가상범인」으로 번역된 것은 당연한 결과였다고 할 수 있다. 조선어로 번역되는 순간, 거기에는 이미 식민지의 풍경과 의식, 전근대적 세계의 풍경과 의식이 동시다발적으로 얽혀들기 때문이다. 그러나 탐정소설로서의 「가상범인」의 파탄과 분열이 단지 이와 같은 점에 의해서만 초래되었던 것은 아니다. 탐정소설을 규정하는 또 하나의 요소, 범인을 쫓는 '과학적인 경찰제도의 확립'과 관련된 문제가 피할 수 없는 딜레마로서 여기에 자리하고 있었다.

---

36) 이상의 사항에 대해서는 『大衆文學』(尾岐秀樹, 紀伊國屋書店, 1964), 『大衆の登場』(池田造士 編, インパクト出版社, 1998), 『キングの時代』(左藤卓己, 岩波書店, 2002) 등을 참조했음.

「가상범인」에서 사건 해결의 실마리를 제공하는 것은 탐정 유불란이지만 실질적으로 사건을 해결하는 것은 백검사이다. 백검사는 임경부와 더불어 국외자의 입장에서 사건 전반을 관찰하면서 치밀한 추론 과정을 통해 범죄사건 전모를 밝혀가는 인물로서 일본어 원작 「탐정소설가의 살인」에서는 H검사로서 표기되고 있다. 여기에서 일단 「탐정소설가의 살인」에 앞서 창작된 김내성의 또 다른 일본어 탐정소설 「타원형의 거울」37)이 「살인예술가」란 제명의 조선어로 번역되는 과정에서 나타났던 변모 중의 하나, 공권력을 상징하는 검사에게 사건해결을 맡겼던 원작과 달리, 번역작에서는 범인의 자살이라는 방법으로 사건 해결을 도모하고 있다는 점에 주목할 필요가 있다. 「탐정소설가의 살인」의 경우, 일본어 원작과 조선어 번역본 간에 사건 해결의 주체가 동일하게 공권력을 지닌 검사였던 반면 「타원형의 거울」의 번역 과정에서는 그 힘을 더 이상 검사에게 부여하지 않고 있는 것이다.38) 김내성이 두 편의 일본어 원작을 조선어로 번역하는 과정에서 이와 같은 다른 결말을 이끌어 낸 것은, 무언가 탐정문학이라는 문학 장르의 속성과 식민지의 현실이 끊임없이 마찰을 일으키고 있었기 때문이었던 것으로 추정된다.

「탐정소설가의 살인」은 일본잡지를 통해서 일본어로 발표되지만, 이 작품의 실질적 배경이 되고 있는 것은 식민지 조선의 수도 경성이다.

---

37) 「타원형의 거울 楕圓形の鏡」은 『ぷろふぃる』 1935년 3월호에 '신인소개'의 형식으로 발표된다.

38) 「타원형의 거울」은 1935년 3월 『ぷろふぃる』에 그리고, 「탐정소설가의 살인」은 1935년 12월 『ぷろふぃる』에 발표된다. 그러나 조선에서 번역 발표된 순서는 「가상범인」이 1937년 2월, 그리고 「살인예술가」가 1938년 3월로 바뀌고 있다. 그러므로 「타원형의 거울」의 번역과정에서 사건해결 과정 변화가 일어났던 것은 시간 상 조선 상황에 대해 김내성이 좀 더 파악할 수 있었기 때문이었던 것으로 추정된다.

식민지 수도 경성의 풍경이 조선인 김내성에 의해서 제국의 언어인 일본어로 묘사되어 제국의 문단에서 발표되고 있는 것이다. 그런 점에서 일본인의 시선에 비춰지는 경성이란 어떤 공간인지 살펴볼 필요가 있다. 여기서 그려지고 있는 경성은 단적으로 말해서 범죄가 공공연하게 발생하는 열등하고, 불안정한 공간으로서 이 공간에 안정을 부여해주는 것은 제국의 공권력이다. 범죄공간으로서의 식민지, 그리고 범죄사건을 해결하여 안위를 지켜주는 제국이라는 작품의 구도는 열등, 무지, 불안정의 공간으로서의 식민지와 우월한 힘, 안정, 합리성의 공간으로서의 제국의 이미지를 자연스럽게 구축하게 된다. 이 과정에서 결국 정당화되는 것은 제국에 의한 식민지 문명화론이다. 이는 「탐정소설가의 살인」의 문제점이었다기보다는 제국주의 문학으로서 출발되었던 탐정문학의 태생적 한계라고 할 수 있다.

김내성이 탐정소설 창작 및 번역 과정에서 봉착했던 또 하나의 딜레마는 바로 이 부분이었다. 제국의 문학으로 끊임없이 귀속하려는 탐정문학의 본질적 속성과, 식민지인으로서의 자신의 정체성, 그 사이에서 그는 갈등하고 있었던 것이다. 「탐정소설가의 살인」에서 검사나, 경부의 성명을 밝히는 대신, H 또는 K라는 영어 이니셜로 표기하고, 조선어 번역과정에서는 이를 다시 조선 성명을 느끼게 하는 백 검사, 내지는 임경부로 변환시켰던 것은 바로 이 때문이었던 듯하다. 그리고 또 다른 일본어소설 「타원형의 거울」을 조선어로 번역하는 과정에서 사건 해결 방법을 검사의 추론에서 범죄자의 자책어린 자살로 변화시켰던 것 역시 바로 이 때문이었던 듯하다. 그런 점에서 본다면 귀국 후 발표된 상당수의 창작탐정소설들이 인간의 비합리적 심리묘사 중심으로 흘

렀던 것은 어쩔 수 없는 선택이었다고 할 수 있을 것이다. 조선 귀국 후 첫 창작탐정소설로서 제국 수호를 테마로 한 방첩소설 「백가면」을 발표하면서 식민지 탐정문학의 한계를 절감한 김내성으로서는 '변격탐정소설'이 유일한 대안일 수밖에 없었기 때문이다. 그리고 시기적으로도 중일전쟁의 발발을 거쳐 마침내 태평양 전쟁으로 이어지면서 제국의 안위가 대사회적으로 강력하게 요청되고 있었다.

## 5. 탐정소설이라는 '환상'

물론, 김내성이라는 한 작가의 작품에서 발견되는 특징만으로 식민지 탐정소설 전반을 진단할 수 있느냐라는 의문이 제기될 수도 있을 것이다. 그러나 애석하게도 대답은 여전히 동일하다. 식민지 기간 동안 다수의 탐정소설들이 창작되있다고 하더라도, 그 작품들 대부분이 안회남이 지적했듯 서구, 혹은 일본탐정물의 '프린트' 수준을 넘지 못하고 있었다. 문제는 당황스럽게도 작가들이 그 '프린트'조차 완벽하게 수행하지를 못했다는 것이다. 셜록 홈즈, 내지 서구 서구탐정물의 번역과정에서 나타나는 논리적 추론 과정 결여, 트릭의 배제와 같은 부분들이 분명히 창작탐정물들에서도 발견되고 있는 것이다. 그런 점에서 볼 때, 안회남이 일본문단에서 검증되었을 뿐 아니라, 호평까지 받은 김내성 「탐정소설가의 살인」의 조선어 번역본인 「가상범인」에 대해서 '탐정소설'이 아니라고 단정내렸을 때, 거기에는 이 양 작품 사이의 간극에 대한, 혹은 조선 탐정문학의 성립 가능성에 대한 정확한 판단이 작용하고 있었던 것으로 추정된다.

이 판단의 부분에서 보다 정확할 수 있었던 것은 안회남보다는 김내성 쪽이었다. 그는 일본과 조선, 두 세계를 오가면서 자신이 지향했던 탐정 소설이라는 문학장르가 어떤 형태로 와해되고, 분열되는가를 겪었기 때 문이다. 물론, 식민지 상태가 끝난 1956년, 회고적 입장에서 한국탐정소 설의 역사를 논하면서, 김내성은 엉뚱하게도 자신의 「가상범인」을 식민 지탐정문학의 효시로서 제시하기는 하지만, 이 역시 식민지 탐정문학의 현실에 대한 나름의 판단에서 기인되었던 것으로 추정된다. 분명히, 「가 상범인」이라는 작품이 일본어 원작의 치밀한 논리적 추론구조가 결여된, 말하자면 '모험소설'이라고도, 그렇다고 '추리적 요소를 지닌 연애소설' 이라고도 하기 힘든 기묘한 작품이었다고 하더라도, 그 정도라면 당시 조선 탐정문학의 현실에서는 충분히 '최상'의 위치를 차지할 수가 있었 기 때문이다. 김내성은 바로 이 점을 염두에 두고 있었던 것이다. 그것은 곧 식민지 조선의 전근대성에 대해서 그리고 조선에서 대중문학의 성립 가능성에 대해 김내성이 가졌던 절망적 인식의 한 표현이었다.

그런 점에서 볼 때, 김성종이 한국 사회에 불러일으켰던 추리소설 붐 을 두고, '대중사회의 도래'라고 언급했던 『아사히신문』의 진단을 쉽게 간과할 수는 없을 듯하다. 문학의 다양성이 대사회적으로 수용되고 있 다는 측면에서 뿐만 아니라, '추리소설' 혹은 '탐정소설'을 수용할 수 있는, 혹은 소비할 수 있는 독자대중이 형성되었다는 것은 이 시기 한 국 사회에 대한 또 다른 판단의 근거가 될 수도 있기 때문이다. 식민지 시기를 지나 1980년대에 이르는 동안, 한국사회에서 '탐정소설'이 대중 문학의 주도적 양식으로서 수용되고 있지 않았다는 것은 우리의 문화 적 '취향'의 문제를 넘어, 근대적 '독자대중'의 형성에 관한 근본적 질문으로 이어질 수밖에 없었던 것이다. 김내성에 대해서, 그리고 식민지 시기의 탐정소설의 성립과정에 대해서 주목하게 되는 것은 바로 이 지점이 이 질문에 대한 답을 얻을 수 있는 최초의 시작이기 때문이다.

제2부

# 탐정소설의 환상과 현실

# 과학과 엽기, 그 사이에서

두 편의 탐정소설 「염마」와 「수평선 너머로」를 중심으로

## 1. '1934년'과 두 편의 탐정소설

1934년 '탐정소설'이라는 이름을 내건 두 편의 창작소설 「염마」[1]와 「수평선 너머로」가 두 달의 시간적 차이를 두고 발표된다. 작가는 채만식과 김동인이며 발표지면은 『조선일보』와 『매일신보』이다. 『매일신보』의 경우 조선총독부 기관지로서의 면모를 변함없이 지속시키고 있었으나 『조선일보』는 이 시기 상당한 변모를 겪고 있다. 폐간 직전의 『조선일보』를 평북 정주 출신의 사업가 방응모가 1933년 인수하여 편집진과 같은 인적 구성에서부터 지면 구성에 이르기까지 전면적 개편을 감행하고 있었던 것이다. 방응모 인수 당시 삼만부에 미치지 못하던 발행부

---

1) 「염마」는 원래 서동산(徐東山)이라는 필명으로 『조선일보』에 발표된다. 이 작품이 채만식의 작품이라는 것은 김영민 교수가 「채만식의 새 작품 「염마」론」(『현대문학』, 1987. 6)에서 처음으로 밝히고 있다.

수가 2년 후인 1935년 약 사만오천 부로 60% 정도 증가하였다는 것에
서 이 변모의 결과를 감지할 수 있다.[2] 물론 발행부수의 증가가 곧 판
매부수의 증가라고 결론 내리기에는 석연찮은 문제들이 많다.[3] 그렇다
고는 해도 새로운 편집체제 하의 『조선일보』가 '대중성' 확보에 엄청난
노력을 기울이고 있었다는 점은 부인할 수 없을 듯하다. 당대 중견 문
학가였던 채만식을 기용하여 최초로 창작 '탐정소설' 연재를 감행했던
조선일보사의 시도란 바로 그런 점에서 이해될 수가 있을 것이다.

「염마」보다 두 달 늦게 장편창작탐정물 「수평선 너머로」를 연재한
『매일신보』의 시도 역시 여기서 크게 벗어나 있지는 않았던 듯하다. 이
시기 『매일신보』는 조중한의 장편시대소설을 연재하면서 연재 예고에
서 '「장한몽」의 작가 조중한'이라는 문구를 첨가하고 있다. 장한몽에
대한 독자들의 깊은 향수에 기대어 다시금 대중적 호응을 불러일으키
고자 하고 있었던 것이다.[4] 첫 장편 소설로서 「무정」을 선택하여 정치
성과 대중성 모두를 확보했던 매일신보사의 감각에 비추어볼 때, 그리
고 총독부의 식민정치를 대변하는 총독부 기관지라는 측면에 근거할
때 당시 대중들 사이에서 상당한 호응을 얻고 있던 '탐정소설'의 연재
라는 것은 일견 당연한 선택이었다고 할 수 있을 것이다. 그러나 거의
동시기, 엄밀히 말해서 약 두 달의 시간차를 두고 당대 중견 문인들을

---

2) 정확히 1933년에는 2만9천3백4십1부였던 발행부수가 2년 후인 1935년 4만3천1백1십8부
   로 60% 정도 증가하였다(정진석, 『한국언론사』, 나남, 1990, 553쪽).
3) 방응모는 조선일보 인수 후, 100만 부를 인쇄하여 무료로 배포했다고 한다. 이와 같은
   방응모의 상업주의적 판매 전략에 비추어 볼 때, 이 발행부수의 증가를 판매부수의 증가
   로서 판단하는 것은 위험한 일일 듯하다(『조선일보60년사』, 조선일보사, 1980).
4) 1937년 7월 17일 1면에 조중환의 작가의 말과 더불어 '장한몽의 작가 조중환'이라는 광
   고가 게재된다.

섭외하여 조선탐정문학사상 최초로 장편 창작물의 연재를 감행한 이들의 의도란 그렇게 단순하게 설명될 수는 없을 듯하다. 이를 위해서는 이 두 창작물의 발표시기인 1934년을 둘러싼 시대적, 문학적 맥락들이 고려되지 않을 수 없다.

두 편의 탐정소설이 연재된 1934년은 정치적으로는 만주사변을 거쳐 중일전쟁을 향해가고 있었고, 문단적으로는 1920년대를 장악했던 프롤레타리아 문학이 퇴조하고 있던 시기였다. 이와 더불어 또 한 가지 고려해야 하는 것이 조선에 앞서 탐정문학의 엄청난 성행을 맛 본 일본에서 1930년대에 들어서면서 탐정소설이 전시체제로 전환된 일본 내부의 정치적 정황과 맞물리면서 쇠퇴의 길로 들어서고 있었다는 점이다. 조선 최초의 창작장편탐정소설은 계급문학의 퇴조, 전시체제로의 전환이라는 삼엄한 정치적 분위기 속에서 장려되고 있었는가 하면 일본 탐정문학의 진개상황에도 역행하고 있었던 것이다. 「염마」와 「수평선 너머로」 두 작품을 둘러싼 이와 같은 독특한 정황을 통해서 조선의 탐정문학의 성립과정에 내재된 식민지와 제국간의 정치적 역학관계를 엿볼수가 있다. 「염마」와 「수평선 너머로」를 통해서 이 추론의 적합성을 살펴보기로 하겠다.

## 2. 대중, 대중문학의 등장

「염마」는 1934년 5월 4일부터 8월 11일까지 『조선일보』에 연재된 '탐정소설'로서 연재당시 작가명은 서동산(徐東山)으로 되어 있다.5) '서동산'이라는 필명을 사용한 채만식의 심경에 대해서는 「염마」의 한 장

면을 통해서 잠시 엿볼 수 있다. 다음은 탐정취미를 지닌 주인공 백영
호와 그의 친우인 소설가 허철 간에 이루어지는 대화이다.

> "여보게 자네, 그 독자도 없고 한 소위 예술소설 다 집어치우고 내가
> 재료는 제공할 테니 탐정소설이나 쓰게 응? 나는 샬록 홈즈…… 자네는
> 와트슨? 어때 허허허허."
> "그까짓 탐정소설을 쓰느니 자살을 하고 말겠네."
> "왜?"
> "그따우 탐정소설이니 대중문예니 또 소위 계급문예니 하는 것들은
> 문예 축에도 못 끼우는 것이야…… 다 날탕패나 문단에서 낙오된 찌스
> 레기들이 할 수 없으니까 그거나마 가지리쓰꾸하지."
> 허철은 이야기 하면서 흥분이 되었는지 창백한 얼굴에 조금 혈기가
> 돈다.
> "글세…… 나는 예술이라는 그런 델레케트한 손잽신에는 문외한이니
> 까 몰르겠네만 어쨌으나 나는 탐정소설이 제일 재미가 있데."[6]

탐정소설을 권유하는 백영호에게 허철은 탐정소설을 창작하느니 오
히려 자살을 선택하겠다며 극단적 태도를 표명하고 있다, 탐정소설은
결코 문학의 양식에 포함될 수 없는 저급한 양식이라는 것이 그 이유이
다. 이와 같은 허철의 태도는 일견 지나치게 과장되어 있어서 비현실적
이기조차 하지만 당대 문단에서는 역설적이게도 이 비현실성이 오히려

---

5) 이 당시 『조선일보』에는 이광수의 「그여자의 일생」, 홍명희의 「임꺽정」, 이기영의 「고향」,
   그리고 현상당선소설이라는 명칭을 내건 「폭풍을 지난 후」가 동시에 연재되고 있었다.
   채만식의 「염마」는 「폭풍을 지난 후」 후속 작품으로 연재되고 있다. 이광수, 홍명희, 이
   기영, 채만식. 당대 대표적 작가를 망라하는 이 화려한 구성은 방응모의 인맥에 거의 의
   존해서 가능했던 것으로 보인다.
6) 채만식, 『염마』, 『채만식전집』 1, 창작사, 1987, 452쪽.

극도의 리얼리티를 지니고 있었다. 번역탐정물들이 본격적으로 모습을 드러내기 시작했던 1920년대, 다수의 번역물들에서조차 본명 대신 '붉은빛', '천리구'와 같은 필명을 사용하고 있었던 것에서 나타나는 극단적 순문예중심주의가 1930년대에도 여전히 완고하게 자리 잡고 있었던 것이다.[7] 탐정소설을 발표하면서 필명[8]을 붙이는가 하면, 그도 모자라서 작품 속에서 다시금 탐정소설의 제 의미를 이처럼 강력하게 부정하는 채만식의 이 결벽증이야말로 탐정소설에 대한 당대 문단의 태도를 반증하는 것이라고 할 수 있다. 채만식이 이처럼 강력한 자기부정을 행하면서까지 탐정소설의 창작에 관여할 수밖에 없었던 것에는 여러 가지의 이유들이 있었을 것으로 그 중 '경제적' 문제 역시 무시할 수는 없을 듯하다.[9]

그러나 여기서 실질적으로 주목하고 싶은 것은 '탐정소설'과 '소위 계급문예'를 동일선상에 두고 파악하고 있는 부분이다. 엄밀히 말해서 '계급문예'에 대한 채만식 개인의 견해보다는 계급문예와 탐정소설을

---

7) 익히 알려져있듯이 천리구는 김동성의 필명으로 김동성은 이 필명을 사용하여 『동아일보』에 「엘렌의 공」, 「붉은실」 등의 번역탐정물을 연재한다. 이처럼 탐정소설의 번역의 경우 많은 작가들이 본명을 밝히는 대신 필명을 사용하고 있으며 이러한 태도는 창작탐정물의 경우에도 동일하게 나타나고 있다.

8) 『조선일보』 5월 6일자에 게재된 '신소설예고'에서는 「염마」를 '중견작가의 력작'이며 작가의 본명 대신 '펜네임'을 사용한 것은 '탐정소설의 엽기'적 분위기를 일견 고조시키기 위한 것으로 언급하고 있다. 물론 탐정소설의 특성상 이와 같은 전략이 독자 대중의 호기심을 높이는데 상당부분 중요하기는 하겠지만, 실질적 원인은 그에 있지는 않았던 듯하다. 「염마」는 게재되는 순간까지, 연재소설 게재 전에 주어지는 작가소개라든가, 작가의 말 등도 없이 설명을 곁들인 두 번의 '신소설예고'기사, 그리고 설명이 빠진 채, 제목과 작가명 삽화가명만 기재된 두 번의 간략한 광고기사만이 나가고 있다.

9) 『신인문학』 1934년 8월호에 게재된 '문인들의 월수입 조사'에서 채만식 항목에 "조선일보에 서동산이라는 異名으로 탐정소설을 써서 월 60원 기타 고료 수입이 있다"고 기록되어 있다.

'대중'이라는 하나의 고리로 묶어내는 그 감각의 기저에 대해 주목하고
싶은 것이다. 계급 문예, 즉 프롤레타리아 문학이 조선에서 왕성하게
발흥했던 것은 1920년대 중 후반이다. 이 시기 프롤레타리아 예술 동맹
의 핵심적 이론가 중 하나였던 김기진은 프롤레타리아 문학의 대중화
방안에 대한 다양한 논의들을 발표하고 있다. 1929년 발표된 「대중소
설론」(1929. 4. 11~4. 20)에서 그는 "신문지에서 길러낸 문예의 사도들의
통속소설보다도" "울긋불긋한 표지에 4호 활자로 인쇄한 100매 내외
의"10) '고담책', '이야기책', 즉 '딱지본' 소설들이 선호되는 조선 문학
의 현실을 지적하면서, 이 문제의 대안으로서 당대 인기를 끌고 있던
'연애'라든가, 신구도덕관을 소재로 활용하는 방안 등을 내세우고 있다.
여기서 김기진이 제시한 프롤레타리아 문예의 대중화 방안 중에는 '탐
정소설'이 전혀 고려되고 있지 않다는 것은 주목할 만하다. '탐정소설'
에 대해서 김기진이 자신의 평론 속에서 언급하고 있는 것은 단지 한
부분, 통속소설의 한 전형으로서 염상섭의 일련의 소설들을 설명하면서
'영화의 탐정소설적 요소'를 활용했다11)고 지적한 것이 전부이다. 김기
진의 이 글이 발표된 것이 1928년 11월이고 보면, '탐정소설'이란 1920
년대 말에도 여전히 '영화'를 통해서나 접할 수 있는 모던한 문학양식
이었을 뿐 일반 독자들의 선호를 받는, 말 그대로 '대중적'인 문학양식
은 아니었던 것이다.

---

10) 김기진, 「대중소설론」, 『팔봉문학전집』 1, 문학과 지성사, 1988, 129쪽.
11) 김기진은 1928년 11월 9일부터 20일까지 『조선일보』에 '통속소설소고'라는 부제가 붙
  은 평론 「문예시대관단편」을 발표한다. 이 글에서 이광수 문학의 통속성을 지적한 후,
  다시 염상섭 문학의 통속성 확보과정을 설명하면서 염상섭의 일련의 소설들이 영화의
  탐정소설적 요소를 도입하고 있다고 언급하고 있다(김기진, 「문예시대관단편」, 앞의 책,
  116~127쪽).

그렇다면 탐정소설, 대중문예, 계급문예를 한 무리로 묶어 '허철'의 입을 통해 비판했던 채만식의 태도는 단지, '예술문학'에 대한 그의 개인적 집착에서 비롯되었던 것이었을까.12) 1930년대를 넘어서면서 비로소 독자들의 관심의 지평에 떠오르기 시작했던 탐정소설과 1930년대에 들어서면서 퇴조의 길을 걸었던 계급문예 간에는 어떤 연결고리도 없었던 것일까. 적어도 조선문단 내부의 흐름에서는 결코 찾을 수 없었던 이 연결고리가 1920년대의 일본문단 내부에서는 집중적으로 모색되고 있었다. 제1차세계대전후의 호경기에 힘입어 1920년대, 일본은 자본주의의 비약적 발전과 더불어 러시아 혁명의 영향으로 소위 '대정데모크라시' 시대의 도래를 맞게 된다. 논자에 따라서는 그러한 "데모크라시와 사회주의가 한 번에 일본에 들어와서 거기서 생겨나온 독자층이 탐정소설을 지탱시"13)키는 힘이 되었던 것으로 파악하고 있다.14) 해외웅미사싱의 일환으로 잡지 『신청년』을 중심으로 본격적으로 전개되었던 서구 탐정물 번역 작업과, 일본 탐정소설의 대표적 작가 에도가와 란포(江戶川亂步)15)의 등장이 모두 이 대정데모크라시의 도래, 사회주의의 유입과 같은 1920년대 사회적 분위기를 기저로 해서 일어나고 있었던 것이다. '대중'이라는 용어가 일본 사회에 새롭게 등장하기 시작한 것 역

---

12) 채만식은 「염마」 연재 이틀 전인 5월 14일, 『조선중앙일보』에 '카프에 끔글'이라는 부제가 붙은 「이데올로기문제」를 게재, 카프 문학의 이념중심성을 비판하고 있다.
13) 「＜大衆の登場＞ヒーローと讀者の時代」, 『大衆の登場』, インパクト出版會, 1998, 9쪽.
14) 1920년대 중반부터 30년대 전반에 걸친 시기 일본문학은 '대중'이라는 이름의 독자와의 만남을 피할 수 없게 된다. 이 시기 소위 대정 데모크라시의 소산의 하나였던 '민중'은, 한편으로는 프롤레타리아 문학 속에서, 또 한편으로는 대중문학이라고 칭하는 포퓰러한 문학 속에서 독자로서 또 작중의 히로, 히로인으로서 '대중'의 이름으로 떠올랐다.
15) 1928년에 발표된 에도가와 란포의 「陰獸」는 이 작품이 게재된 『신청년』이 삼 쇄가 인쇄되어 될 정도로 도로 대단한 인기를 끌었다고 한다. 이상의 사항에 대해서는 成田大典의 「昭和四年の全集'合戰'ー探偵小說と圓本ー」(國語國文學, 2005)에서 참조했음

시 바로 이 시점이었다,

사회주의에서 의미하는 '대중', 그리고 탐정소설과 같은 대중문예에서 의미하는 '대중'이란 분명히 그 내용에 있어서는 상당한 차이가 있지만, 1920년대의 일본에서 이 양자는 어떤 면에서는 부단히 접점을 찾고 있었다. 프롤레타리아 문학의 중심 이론가 중 한사람이었던 히라바야시 하츠노스케(平林初之補)가 프롤레타리아 문학의 대중화 모색 과정 속에서 직접 수편의 탐정소설을 창작하였다든지, 에도가와 란포(江戸川亂步)가 1920년대 발표된 자신의 탐정소설들의 소재를 주로 빈곤과 비참한 도시 풍경에서 찾고 있었다는 점에서 대중문예로서의 탐정소설과 프롤레타리아 문학이 '대중'이라는 접점을 통해서 어떻게 교류하고 있었던가를 읽어낼 수 있다.16) 채만식이 허철이라는 인물의 입을 통해 탐정소설, 대중문예와 더불어 계급문예를 비판할 때, 거기에는 계급문예의 지나친 이념 편향성에 대한 거부감과 더불어, '대중'에 속박될 수밖에 없었던 계급문예 및 탐정소설의 태생적 한계에 대한 명확한 인지 및 거부가 함께 작용하고 있었던 것은 아닐까. 일본의 대중잡지『킹구』와 『쇼넨구라부』를 탐독하던 당대 조선 젊은이들의 모습을 고려할 때,17) 단편적이었다고는 해도 당시 일본에서 발행된 다수의 잡지들, 예를 들자면『개조 改造』,『중앙공론 中央公論』, 그리고『신청년 新靑年』을 중심으로 진행되고 있던 '대중'을 둘러싼 프롤레타리아 문학과 탐정문학

---

16) 이상 탐정소설을 둘러싼, 히라바야시 하츠노스케(平林初之補)와 에도가와 란포(江戸川亂步) 문학 간의 연관성에 대해서는 鄭修允의「江戸川亂步とプロレタリア文學をめぐって」(『繡』第22号, 早稻田大學大學院文學硏究科, 2009. 3)을 참조했음.

17) 강담사에서 발행된 일본의 종합대중잡지『킹구』와『쇼넨구라부』의 인기에 관해서는 채만식의 중편「치숙」(1938)을 통해 찾아볼 수 있다.

간의 이 움직임을 채만식이 감지하지 못했을 리는 없기 때문이다.

그러나 아쉽게도 1920년대 일본 프롤레타리아 문학 내에서, 몇 몇에 한정되기는 했지만, 대중성 확보를 위한 하나의 새로운 창작방안으로서 강구될 만큼 엄청난 대중적 호응을 얻고 있던 탐정소설이라는 것이 1930년대의 조선에서는 본격적으로 성립되지 않고 있었다. 탐정소설 자체를 강력하게 비판했던 채만식의 「염마」가 조선 최초의 창작장편탐정소설18)이었다는 아이러니컬한 상황 자체가 조선 탐정소설의 이와 같은 빈약한 현실을 반증해준다. 여기서 거론될 수 있는 것이 그렇다면, 1930년대 언론에서 빈번하게 등장하는 '탐정' 관련 언설들을 어떻게 해석해야하는 가이다. 그것은 곧 탐정물이 잘 팔리므로 번역할 탐정물을 애타게 찾고 있던 김유정의 태도에서 감지되는 부분, 즉 탐정물에 대한 열렬한 대중적 호응이 1930년대의 조선에 있었던가를 살펴보는 것이기도 하다. 1930년대 원자자와 번역자를 명시하고 발표된 번역탐정물들, 예를 들어 1932년 셜록 홈즈 시리즈물 다섯 편을 연달아 게재한 『신동아』의 기획이라든가, 1936년 4월 『조광』에서 기획된 「세계명작탐정소설특집」 등이 한결같이 '추리'의 과정이 전면 생략된 채 번안에 가까운 '의역'의 형태를 띠고 있다는 점은 이 의문에 대한 답이 될 수가 있다. 말하자면 탐정소설은 모험소설의 변형, 혹은 괴기소설의 변

---

18) 이에 앞서 1926년 '탐정소설'이라는 명칭 아래 박병호의 「혈가사」라는 작품이 발표된다. 이 작품은 1920년 장편 신소설이라는 명칭 아래 『취산보림』에 연재되다가 중단된 것을 다시 완성시킨 것으로서, '탐정'이 등장하기는 하지만 실질적으로는 신소설의 범주를 벗어나지 못하고 있다. 이후, 「겻쇠」(1929), 「혈염봉」(1930), 「사형수」(1932) 등 '탐정소설' 혹은 '탐정실화'라는 명칭을 내건 일련의 작품들이 발표되지만 대부분 연재중단되거나, '소설'로서의 완성도를 가지지 못한 형태의 작품들이었다. 이상에 대해서는 정혜영의 「식민지의 삶과 근대적 탐정문학」(『식민지기 문학과 근대성』, 소명출판사, 2008)을 참조했음.

형 등, 일종의 변이된 형태로서만 1930년대의 조선에서 수용되고 있었던 것이다.

이처럼, '영화의 탐정소설적 요소'라는 김기진의 언급으로 대변될 수 있었던 1920년대 조선 탐정문학의 현실, 즉 모던한 문학 양식으로서 관심을 받기는 하되, 하나의 독립적 문학 장르로서 대중들에게 뿌리내리지 못하고 있었던 그 현실이 1930년대의 조선에서도 여전히 지속되고 있었다. 물론 여기에는 과학발달의 낙후성, 대중문화의 기저로서의 매스미디어 발달의 부재, 전근대적 도시구조 등 여러 가지의 요인들이 제시될 수 있을 것이다. 조선 최초의 장편 탐정소설 「염마」의 등장이란 자발성이 결여된, 강압적 요청 속에서 이루진 기형적 문학이었던 것이다. 그렇다면 이 빈약한 현실적 여건에도 불구하고 채만식, 김동인과 같은 문단의 중견 작가를 기용하여 탐정소설 연재를 추진해야만 했던 『조선일보』와 『매일신보』의 의중이란 무엇이었을까. 도대체 어떤 시대적 여건이 탐정소설의 등장을 이처럼 절실하게 요구하고 있었던 것일까.

물론 탐정소설 창작과 관련시켜 볼 때 김동인의 경우는 채만식과 상당한 차이를 지니고 있기는 하다. 1925년, 고등룸펜을 주인공으로 내세운 단편소설 「유서」에서 김동인은 이미, 변형된 형태이기는 하지만 일종의 탐정소설을 시도한 적이 있다. 여기에는 김동인이 평소 심취해있던 일본 작가 다니자키 준이치로(谷岐潤一郞)가 잡지 『신청년 新靑年』에 탐정소설을 발표하고 있었고, 그 『신청년 新靑年』에서 서양 탐정소설들이 본격적으로 소개되고 있었다는 것 등 탐정소설의 성립과 관련된 일본의 문화적 풍토가 하나의 요인으로서 거론될 수 있을 것이다. 아울러 김동인은 경제적 이유 때문이기는 하지만, 이미 수차례에 걸쳐 역사소설은 물론 야담류의 창작에까지 관여했던 경험도 가지고 있었다. 순문학중심주의적 의식에 여전히 깊이 젖어있었다고는 해도, 적어도 '대중'의 구미에 맞춘 문학양식의 창작에 대해 김동인은 채만식보다는 좀 더 편안한 상태로서 임할 수가 있었던 것이다. 이는 단지 탐정소설을 대하는 김동인의 심적 상태의 부분만을 의미하는 것은 아니다, 조선대중문학의 현실, 대중문학의 본질과 속성에 대한 김동인의 감각의 부분에 대한 것이 여기에는 내포되어 있다. 그런 점에서 본다면 『매일신보』가, 채만식과 탐정소설이라는 『조선일보』의 흥미로운 조합에 대응하기 위해 김동인을 비장의 카드로 내민 것은 탁월한 선택이었다고 할 수 있다. 그렇다면 두 달간의 시차를 두고 맞대응 전략을 펼치면서까지 장편창작탐정소설의 연재를 진행시켰던 『조선일보』와 『매일신보』, 두 언론매체의 의중이란 무엇이었을까.

## 3. 과학조선의 건설과 탐정문학

1925년 발표된 김동인의 단편 「유서」에는 하루 종일 하는 일 없이 어슬렁대는 고등룸펜이 주인공으로 등장하고 있다. 그는 카페 로얄에 들러 커피를 마시고, 워터맨 만년필을 사용하는 등 외형적으로 상당히 '모던'한 면모를 보이고 있다. 일단 이 작품이 발표된 1925년의 경성은 인구가 삼십오 만을 넘어서면서 대도시로서의 면모를 형성해나가기 시작하고 있었다. 이 시기를 전후하여 남촌을 가로지르는 도로가 만들어지고, 경성제국대학이 설립되었으며, 경성전차노선이 완성되는가 하면 조지아 백화점 미나카이 백화점, 히라다 백화점 등 근대적 소비 공간이 차례 차례 생겨나고 있다.19) 그런 점에서 본다면 「유서」의 주인공은 바로 새롭게 형성되기 시작한 근대적 도시문화의 한 단면을 보여주는 인물이라고 할 수도 있을 것이다. 그러나 경성의 근대적 면모들이 주로 1920년대 후반을 넘어서면서 본격적으로 진행되고 있었다는 점을 고려한다면 「유서」의 주인공의 면모는 너무 앞서 있어서 비현실적이기 조차 하다. 혹시라도 카페 로얄20)에서 차를 마시는 셜록 홈즈의 모습이라든가 에도가와 란포의 탐정소설21)에 단골로 등장한 고등룸펜들의 모습에 김동인이 지나치게 동화되어 있었던 것은 아닐까. 적어도 1925년의 경성은 카페라든가, 고향을 떠나 경성에 거주하며 무위도식하는 고등룸펜들이 일반화되어 있을 만큼 근대적 도시 문화가 성립되어 있지는 않았던 것이다. 조선에서 이 정황들이 '전위적'이지 않은 익숙한, 그래서 다소간 개연성을 지닌 현실로서 펼쳐지는 것은 1930년대를 넘어서면서, 정확히 말해서 1930년대 중반이 되면서이다. 이 점에서 1934년 발표된 탐정소설 「염마」의 주인공 백영호의 신상 정보는 상당히 흥미롭다.

「염마」의 백영호란 인물은 이십대 후반의 독신남으로, 대학교까지 마쳤으며, 지방에 상당한 양의 토지를 가지고 있으나, 그 관리를 사음에게 맡기고는 경성으로 이주하여 종로의 계동에 서구적 형태의 문화

---

19) 1920년대 근대도시 경성의 이미지에 관해서는 주창윤의 「1920~30년대 '모던세대'의 형성과정」(『한국언론학보』, 2008. 10, 186~206쪽 참조)을 참조했음.
20) 카페 로얄은 코난 도일의 유명한 탐정소설 「셜록 홈즈」 시리즈물에서 명탐정 셜록 홈즈가 단골로 다니는 카페이자, 사건의 배경지로서 등장한다(코난 도일 지음, 백영미 옮김, 『셜록 홈즈 전집』 9, 황금가지, 2005).
21) 1920년대 발표된 에도가와 란포의 초기 탐정소설 「이전동화」, 「D언덕의 살인사건」 등에는 관동대지진 후 동경으로 흘러들어온 젊은이, 정확히 말해서 고등 룸펜들을 주인공으로 설정하여, 우울한 청년상이 주로 그려지고 있다. 이상의 논의에 대해서는, 松山嚴의 『亂步と東京』(ちくま學藝文庫, 1994) 참조했음.

주택을 지어 거주하고 있다. 그는 카페나 빠에서 친구를 만나는가 하면, 신문을 통해 자신에게 필요한 정보를 얻으며 오스카 와일드의 작품을 즐겨 읽고 산보를 즐긴다. 대도시의 근대적 생활양식에 젖어 있는 인물인 것이다. 이 시기 경성의 인구는 조선 각지에서 수많은 출향자들이 모여들면서 사십오 만에 달하게 된다. 인구가 과밀해지면서 1920년대 중반부터 문제시되어왔던 주택난이 극도로 악화, 거주보다는 세(貰)를 목적으로 한 도시한옥이라든가, 서구적 주거 형태로서의 문화주택 등이 새롭게 개발되어 보급된다.22) 이들 주택의 실질적 수요자 중의 하나로서 부상한 것이 '기부' 등을 피해 경성으로 이주해 온 지방 부호들이다.23) 백영호란 인물의 이력을 일단 이 흐름 속에서 이해할 수 있을 것이다. 아울러 카페와 빠를 즐겨 찾는 그의 모습은 1933년 말 그 수가 220개에 달하는 등 '카페' 내지는 '빠'가 도회인을 상징하는 하나의 문화코드로서 자리 잡고 있던 1934년의 경성의 소비문화와 연결되고 있기도 하다. 이들만큼이나 백영호의 삶을 1934년의 경성의 왜곡된 근대성 혹은 식민지의 삶과 연결시켜주는 또 하나의 중요한 연결고리가 있다.

　작품을 통해볼 때 백영호는 주변 사람들에게 '탐정'으로 불리고 있고, 본인 역시 '탐정'일에 상당한 재능과 열정을 보이고 있기는 하지만 그렇다고 그 일이 직업은 아니다. 1930년대 조선에 '탐정'이란 직업이 없었으므로 이는 당연한 일이다. 앞서 언급된 문화적 취미 이외에도 집

---

22) 이 부분은 1935년 당대 최고의 건축가였던 박길룡이 「주택건축의 기형적 동향아 생활을 위함이냐? 매매를 위함이냐?」(『조광』, 1935. 11)라는 평론에서 지적하고 있다.

23) "경성부내 신축가옥이 격증하여 가는 원인은 첫째적으로 보아 농촌경제가 나아지게 된 것과 또 최근에 시골서는 각종의 寄附등속으로 심화를 받은 지방지주들이 그 성화를 피하고자 육속 서울로 집중하는 경향이 농후하여 가는 까닭이라한다"(北岳生, 「도시의 주택난과 그 대책」, 『동아일보』, 1932. 10)

에 연구실을 두고 취미 삼아 전기와 화학에 관한 연구를 하는 등 백영
호란 인물은 낭만적일 정도로 이상화되어 묘사되고 있다. 그러나 객관
적으로 볼 때 그는 고등교육까지 받았음에도 일정한 직업을 갖지 않은,
이 시기의 용어로서 설명하자면 고등유민 혹은 룸펜이다. 흔히 '문화예
비군'으로도 불린 이들 고등유민의 문제는 1920년대부터 누적되어 오
다가 1930년대 세계 경제공황, 총독부의 일본인 우선 취직 주선 정책과
맞물리면서 보다 심각한 국면을 맞게 된다. 1933년 동아일보 6월 1일
자 기사에서는 졸업시즌이 훨씬 지난 6월이 되어도 전문학교 이상 출
신자들의 취직은 불과 3분의 1도 되지 않았던 것이 지적되고 있을 정
도인 것이다.24) 최고학부였던 경성제대의 경우도 예외는 아니었던 것으
로 1931년 법문학부 문과 조선인 졸업생 19명 중 1명을 제외한 18명이
취업에 실패, 학교를 상대로 항명서를 제출하는 사건까지 발생하고 있
다.25) 다수의 문화적 취미, 든든한 경제력 등 백영호의 이력이 아무리
화려하게 포장된다고 하더라도, 그는 이 시기 엄청나게 양산되고 있던
'문화예비군' 내지는 '고등유민' 중의 하나였던 것이다. 이와 같은 추정
은 「염마」와 동시기인 1934년 5월에서 7월에 걸쳐서 발표된 채만식의
단편 「레디메이드인생」을 통해서도 확인이 된다.

　채만식은 「염마」를 연재하면서 한편으로는 『신동아』에 5월부터 7월
까지 3회에 걸쳐서 단편 「레디메이드인생」을 발표한다. 동경유학까지

---

24) 「전문이상교 금년출신 취직은 불과 삼분지 일」, 『동아일보』, 1933. 6. 1.
25) 경성제대의 법문학부 문과의 경우, 1930년에는 대다수가 취업하지만, 경제공황과 맞물
　　린 1931년이 되면 조선인 졸업생 19명 중, 자력으로 사립학교에 취업한 1명을 제외하
　　고는 18명 전원 6월까지 취업이 되지 않고 있다. 「취직고정의 차별로 학교에 항의적진
　　정」, 『동아일보』, 1931. 6. 2.

다녀왔지만 취업을 하지 못해 생활고에 시달리는 고등유민 P가 주인공
이다. 그는 자신의 지식이 생활에 아무런 도움도 될 수 없는 현실에 절
망하여 아홉 살 된 아들을 인쇄소 직공으로 만드는 극단적 선택을 한
다. 이와 같은 P의 자조적 모습은 분명, 일 년 만에 룸펜군이 240명이
나 증가[26]하는가 하면 취업난을 중점으로 다룬 특집시리즈[27]가 게재될
정도로 '고등유민'의 문제가 극심했던 1934년의 식민지 수도 경성의
우울한 현실과 연결되고 있다. 이 지점에서 거론될 수 있는 하나의 문
제는 그렇다면, 「염마」의 '고등유민' 백영호와 「레디메이드인생」의 '고
등유민' P간에는 '삶'의 현실에 있어서 왜 아무런 공통점이 없는가 하
는 것이다. '인쇄소와 책장사가 세월을 만나고, 양복점, 구둣방이 즐비
해지고, 문화주택'이 총총 들어서는 근대적 경성의 활기찬 풍경이란 것
이 P에게 있어서는 그의 삶의 어둠을 부각시키는 부정적 요소로서 기
능하고 있는 반면, 백영호와는 아주 절묘하게 조화되고 있기 때문이다.
이 점에서 백영호에 대한 「염마」의 묘사를 다시 한번 살펴볼 필요가 있다.

　　미상불 무얼로 보나 영호는 침울할 일이 없는 사람이다. 우선 천석거
　리나 되는 유산을 물려받아 그것을 착실한 사음에게 맡겨두고 그 수입
　으로 생활을 하는 터요, 또 그의 인생관이나 관념이 낙천적이며 건실한
　지라 그 방면으로부터 갑자기 번뇌로운 변화와 타격이 생겼을 리는 없
　는 것이다. 나이도 스물일곱이니까 이십 안팎의 청소년에게서 보는 막

---

26) 『매일신보』 1934년 4월 5일자에는 「증가하는 경성룸펜군-작년보다 240명 증가-」이
　라는 식민지 고등유민의 현실을 다룬 암울한 기사가 실려있다. 이 기사와 더불어 「자라
　나는 명일의 경성, 대도시 계획과 그 이상」이라는 대도시로서의 경성의 화려한 면모를
　다룬 기사가 함께 게재되고 있음은 참으로 아이러니컬하다고 할 수 있다.
27) 『중앙』 1934년 3월호에는 「졸업과 취직문제에 대한 특집」이라는 제명 아래 여러 명의
　논자가 글을 게재하여 당시의 어려운 취업 상황을 지적하고 있다

연한 번민도 없을 것이다. 아직 결혼도 아니 했고 양친도 다 돌아갔으니 아무런 가정적 계루도 없다. 보통학교로부터 중학교 대학까지 정규로 마치었고, 스포츠에는 무엇에나 능하지만 그중에도 유도와 철봉과 권투에는 전문적 기능이 있다. 서적은 대개 과학서류를 보고 평소에 하는 일은 응용화학과 전기에 관하여(그의 집에는 그 방면의 전문가도 부러워할 만한 실험실이 완비되고 있다) 연구를 하고 있다.[28]

'침울할 일이 없'으며 '번뇌로운 변화와 타격'도 없고, '번민'도 없는 삶, 이처럼 백영호의 삶은 어느 한 곳 흠잡을 데 없이 완벽하다. 시대적 현실의 무게라든가 생활의 비루함, 그 어느 것도 그의 삶에 영향을 끼치지 못하고 있다. 그래서 오히려 비현실적인 것이다. 「레디메이드인생」의 고등유민 P에게 덕지덕지 붙어 있던 시대와 삶의 흔적이 또 다른 고등유민 백영호에게는 전혀 없는 것이다. 백영호라는 인물은 이처럼 1934년의 식민지의 삶과 긴밀히 연결되어있는 듯하기는 하지만 결국은 완벽하게 괴리되어 있다. 스치듯 몇 번을 마주친 것이 전부인 미지의 여성을 위해 목숨을 건 위험을 감수하는 백영호의 불가해한 심리, 인구 사십오 만의 경성에서 옷차림 하나로 그 여자의 흔적을 쉽게 찾아내는 기묘한 우연성. 리얼리티의 대가였던 채만식이 「염마」에서 리얼리티의 상실이라는 결함을 계속 노출시키고 있는 것은 역사성 소멸이라는 이 작품의 근본적 문제점을 고려한다면 당연한 결과였던 것이 아닐까. 그렇다면 도대체 「염마」와 「레디메이드인생」에서 나타나는 이 근본적 차이는 어디서 비롯된 것일까.

여기에는 「염마」가 창작탐정소설의 첫 시도였을 만큼, 탐정소설이

---

28) 채만식, 「염마」, 앞의 책, 302쪽.

정착되어 있지 못했던 조선탐정문학의 현실이 하나의 이유로서 거론될수 있다. 그러나 그보다 더 본질적인 요인은 채만식에게 있었던 것으로 보인다. 「염마」의 연재예고로서 1934년 5월 6일자 『조선일보』에 게재된 「신소설예고」에는 "탐정소설의 렵기(獵奇) 그대로 작자의씨명은 발표치 안는다"라는 문구와 "렵기(獵奇)는 의혹을 부르게되고 의혹은 렵기를 손짓하야"라는 문구가 등장한다. 탐정소설이 하나의 독립된 근대적 문학 형태가 아닌 일종의 '엽기물'로서 간주되고 있는 것이다. 허철이라는 인물의 입을 통해 탐정소설을 문예 축에도 끼일 수 없는 날랑패들의 짓거리로 규정하고 있던 채만식의 태도를 고려할 때 이 문구의 배후에 채만식이 있었거나 그게 아니라면 적어도 이 인식의 연장선상에 그가 서있었던 것만은 분명한 듯하다. 말하자면 채만식에게 탐정소설이란 문학의 영역에 결코 포함시킬 수 없는, 야담과 같은 가벼운 독물(讀物) 그 이상도 이하도 아니었던 것이다. 그 가벼운 읽을거리에 문학작품에나 퍼부어져야할 역사적 리얼리티라는 것이 불필요한 것은 당연한 일이다.

그럼에도 불구하고 채만식은 탐정소설의 창작에 손을 대어, 첫 창작 탐정소설이라고 하기에는 상당히 잘 만들어진 한 편의 탐정소설을 완성한다. 신문이 이 시기 가장 대중적인 공적 매체였다는 점, 그리고 정치선전도구로서의 매체의 부정적 기능을 고려할 때, 분명히 채만식을 끌어들여서라도 탐정소설을 연재해야만 했던 조선일보사의 의중과 문학에 대한 신념을 굽히면서까지 이 의중에 적극 동참했던 채만식의 의중 간에는 '돈'이라는 요인을 넘어선 보다 중요한 '매개'가 있었던 것으로 추정된다. 그 '매개'를 이해하기 위하여 1934년을 기점으로 조선 전역에서 활발하게 전개된 과학대중화운동을 살펴볼 필요가 있다. 1930

『과학조선』(1933. 2. 창간호)　　　　과학데이 행사(1934. 4. 19)와 일렬로 늘어선 자동차

년대를 넘어서면서 조선 최초의 민간 과학단체였던 발명학회의 주도 아래, 조선을 대표하는 인사들이 대거 참여, 과학적 지식을 대중에게 보급하기 위한 일련의 운동이 전개된다. 1933년 잡지 『과학조선』을 발간하는 등, 과학의 대중화를 통해 조선 사회전반의 합리적 재편을 도모하고 있었던 이 운동은 1934년 4월 19일 '과학데이' 행사의 개최를 통해 현실화된다. '생활의 과학화', '과학의 생활화'29)라는 구호 아래 종로 중앙 기독교 청년회관에서 개최된 '과학데이' 행사에는 팔백여 명의 청중이 모여들어 호황을 이루는가 하면, 4일 후인 4월 23일의 과학활동 사진상영회에는 팔천여 명이라는 놀라운 규모의 인파가 몰린다. 이 운동은 경성뿐 아니라, 평양, 선천, 진남포, 김천 등 지방까지 보급되어

29) 1933년 2월 발간된 『과학조선』의 「과학지식보급회일람」에서는 과학지식보급회의 창립 발기문이 적혀있는데 그 첫 줄이 "생활의 과학화! 과학의 생활화!"이다.

엄청난 효과를 올린다.[30]

"한 개의 시험관은 전 세계를 뒤집는다", "과학의 승리자는 모든 것의 승리자다"[31]라는 이 운동의 중심 구호에서 감지되듯, 과학지식의 보급운동을 조선 자주화운동으로 연결시키려 했던 민족주의적 측면이 여기에는 내재되어 있었다.[32] 「염마」가 『조선일보』에 연재되기 시작한 것은 바로 이 시점이다. 팔천여 명의 인파가 몰리고, 행사를 선전하는 자동차 행렬이 시가지를 물들이는 등, '과학'을 중심으로 조선이 하나로 집결되는 열정적 분위기 속에서 '탐정소설' 「염마」가 『조선일보』에 연재되고 있다.[33] 조선에 앞서 탐정소설의 성행을 주도했던 일본이 탐정소설에 대해 착목했던 부분 — "오늘날의 탐정소설에 대한 흥미는 과학적으로 만들어진 불가사의함을 다시 진일보한 과학적 지식에 의해서 해결하는 점에 있다"[34] — 즉 과학적 정신에 기초한 탐정소설의 유용성

---

30) 과학데이 행사는 4월 19일 새벽부터 경성과 지방의 요소요소에서 소형 과학데이 깃발을 자동차와 자전거에 달게 하여 축제 분위기를 조성했다. 경성에서는 주최 측이 동원한 54대의 자동차가 과학의 노래를 연주하는 소년군악대를 앞세우고 종로 네거리를 떠나 동대문 을지로 세종로로 한 바퀴 돌고나서 오후 세시 해산한다. 「과학데이의 성과」, 『과학조선』, 1934. 6, 23~26쪽.

31) 이 구호는 과학데이 행사 당일 주최 측에서 마련한 자동차 54대에 부착한 깃발에 쓰인 표어이다.

32) 과학데이 행사의 주축이 되었던 발명학회 이사장 이인은 이 상황을 회상한 「나의 이력서」(『한국일보』, 1973. 3. 24)에서 과학데이 행사를 "민족의 긍지"를 일깨운 사건으로서 언급하고 있다. 다음은 그 언급의 한 부분이다. "아닌게 아니라 당시의 각 언론기관은 과학행사라면 여러 날을 두고 대대적으로 보도했고 과학기사도 가득가득 실었다. 측량기를 발명한 세종대왕, 거북선을 발명한 이충무공은 물론이고, 우리 손으로 만들어낸 금속활자며 비차(飛車) 등을 소개하며 한편으로는 민족의 긍지를 일깨운 것이다."(앞의 책, 96쪽)

33) 「염마」가 『조선일보』에 연재되기 시작한 것은 과학데이 행사 한 달 반 후인 5월 16일이다.

34) 小酒井不木, 「學者氣質」, 『東京一日新聞』, 1921. 9. 6. "일반대중의 호기심의 활동이 활발하면 그 속에서 우수한 호기심을 가진 비범한 인물이 나타나고, 문화발전의 교도자로 된다. 그런 고로 일반대중의 호기심을 활발하게 양성시키는 것이 필요한 것으로 탐정소

에 채만식이나, 조선일보사 역시 착목하고 있었던 것이다.[35) 조선일보
사에서 이광수의 「그 여자의 일생」, 이기영의 「고향」, 홍명희의 「임꺽
정」과 같은 뛰어난 문예소설들과 더불어 '엽기물'로서 인지되어온 탐정
소설 「염마」를 함께 연재했던 것에는 이와 같은 시대적 맥락이 있었다.
그리고 이 부분이 '탐정소설' 연재에 대해서 조선일보사와 채만식이 암
묵적으로 동의할 수 있었던 중요한 매개였던 것으로 보인다.


## 4. '수평선 너머로', 제국을 향한 열망

앞 장에서 살펴보았듯이 탐정소설 「염마」의 창작은 과학대중화운동
이 일련의 민족운동으로서 열정적으로 전개되고 있던 1934년의 사회적
정황과 긴밀하게 연결되어 있다. 실제로 「염마」에는 그때까지 탐정소설
의 번역과정에서 누락되어 왔던 '추리', 즉 논리적 추론의 과정이 본격
적으로 등장한다. 뿐만 아니라 주인공 백영호를, 과학서적을 즐겨 읽으
며, 집에 실험실을 두고 응용화학과 전기에 관한 연구를 하고 있는 인
물로서 설정함에 의해서 당시 발명학회에서 강력하게 요구하고 있던
이화학의 진흥을 강조하고 있다. 그러나 이 목적의식이 지나치게 강했
던 것일까. 「염마」는 그간 추론의 과정이 배제된 번역 탐정물들에 익숙
해 있던 당대 독자들로서는 따라가기 힘들 정도로 너무 많은 단서와 복

---

설은 그 것에 관해서 유효한 방법이다."
35) 제1회 과학데이 실행회의 실행위원은 조선일보사 사주 방응모와 동아일보사 사주였던
　　김성수를 비롯하여 송진우, 여운형, 이상협, 박용관, 김활란, 현상윤, 주요한 등 당대 조
　　선의 언론 법조 교육, 종교계를 망라한 37명으로 구성되어 있다. 방응모는 이후 김성수
　　등과 더불어 실행위원 중 선전부로 편성된다. 이상의 상황을 볼 때 조선일보사에서 이
　　행사에 상당히 적극적으로 참여하고 있었음을 알 수 있다.

선이 제시되고 있다. 반면, 범인이 너무 빨리 윤곽을 드러냄에 의해서 탐정소설의 본원적 흥미구조는 상당부분 상실되고 있다. 이는 탐정소설을 여전히 엽기물 정도로만 파악하고 있었던 대중문학에 대한 채만식의 이해의 정도를 고려한다면 당연한 결과였던 것으로 추정된다. 이와 같은 결함을 염두에 둘 때, 「염마」보다 두 달 늦게 『매일신보』에 연재되기 시작한 또 하나의 탐정소설 「수평선 너머로」는 여러 가지 면에서 시선을 끈다.

「수평선 너머로」는 염상섭의 「모란꽃 필 때」의 후속 작품으로 1934년 7월 1일부터 동년 12월 19일까지 연재된다. 이 시기 『매일신보』에는 두 편의 통속역사소설 「김척의 꿈」과 「임경업」이 함께 연재되고 있었다. 문예물보다는 통속역사물, 연애, 탐정물을 연재물로서 선택한 매일신보사의 의중에는, 정치적 맥락에서부터 대중매체적 속성에 이르기까지 다양한 요인들이 혼재되어 있었던 듯하다. 신문연재소설의 속성을 절묘하게 고찰한 논설 「신문연재소설 어떻게 써야 하나」에서 김동인이 지적했던 부분 ― 신문연재소설이란 "식자계급(識者階級)"의 사람들은 읽지 않는 것으로서 "특수한 문예비평가를 위해서"가 아니라 "문예라는 명칭조차 모르는 대중이 연재소설에 대한 취미로서 신문을 구독하라는 의미에서 싣는 것"[36] ― 은 다소 극단적이기는 하지만 이 의중을 이해함에 있어서 유효한 단서가 될 수 있다. 「수평선 너머로」는 신문연재소설에 대한 이와 같은 김동인의 감각이 절묘하게 드러나고 있는 작품이다. 상해 댄스홀에서 '하바네라'를 부르는 신비한 미녀 스파이와 국제

---

36) 김동인, 「신문연재소설 어떻게 써야하나」, 『조선일보』, 1933. 5. 14, 『김동인전집』 6, 삼중당, 1976, 224쪽.

적 범죄조직 단원들, 준수한 외모에 뛰어난 지성, 인품까지 갖춘 탐정, 상해와 북평, 경성으로 이어지는 광대한 공간적 배경 등, 그야말로 당시 조선에서는 유래를 찾기 힘든, '대중성'이 강한 한 편의 모험활극이 이 작품을 통해 창출되고 있다.

물론 이 놀라운 활극이 김동인의 독창적 감각에서 만들어진 것은 아니었던 듯하다. 「명금」, 「비행의 미녀」 등 조선에서 선풍적 인기를 끌었던 서구의 모험활극영화를 번안한 딱지본 소설이라든가 『동아일보』 연재 시 독자호응이 높았던 번역탐정소설 「엘렌의 功」의 단편적 에피소드들이 여기에는 조잡한 형태로 조합되어 있었다.[37] 정통 서구 추리물의 수용 대신, 당시 관객, 혹은 독자들에게 인기 있었던 영화, 딱지본 소설 내지, 번역 탐정물의 단편적 에피소드들의 차용을 통해 만들어졌던 「수평선 너머로」의 얄팍한 작품세계는 '대중성' 혹은 '신문연재소설'에 대한 김동인의 이해 혹은 의식을 반영한다는 점에서 주목할 만하다. '식자계급'은 절대로 신문연재소설을 읽지 않는다고 단정내린 것에서 나타나는 대중취향의 문학에 대한 멸시,[38] 그럼에도 불구하고 생활을 위해 통속역사소설, 야담 등에 매진해야 했던 현실적 정황, 작가로서의 김동인은 화합을 모색하기 힘든 이 불편한 현실에 직면해 있었다. 아울러, 매일신보사의 신문연재소설로서 선택한 것이, 단순한 '통속성'

---

37) 예를 들어서 주인공 서인준이 편지의 타이프 활자체의 특이한 모양에 착안하여 범인을 찾아내는 에피소드는 「엘렌의 功」의 에피소드를 그대로 차용한 것이다. 이외에도 미녀 스파이의 이미지 구성, 세계 여러 지역을 무대로 진행되는 사건 등은 「명금」, 「비행의 미녀」에서 상당 부분 차용한 것으로 추정된다.

38) 김동인은 앞서 언급한 「신문연재소설 어떻게 써야하나」(『조선일보』, 1933. 5. 14, 『김동인전집』 6, 삼중당, 1976, 224쪽)에서 신문연재소설의 주된 독자층으로서 여성, 중학생, 공장직공, 소상인 등을 거론한 후, 식자계급은 절대로 이와 같은 소설을 읽지 않는다고 단정하고 있다.

만으로는 해결되지 않는, 그야말로 '근대성'의 산물이라고 할 수 있는 '탐정소설'이었다는 점에서 김동인은 자신의 작품 창작 역량과 관련된 근본적 딜레마에 직면하지 않을 수 없었다. 1925년 발표된 단편 「유서」 에서 추리적 양식의 차용을 한 차례 시도해보기는 하지만 성공하지 못 했기 때문이다.

창작보다는 번안에 가까웠던 「수평선 너머로」의 결함은 바로 이와 같은 김동인의 중첩된 딜레마에서 비롯된 것이었던 듯하다. 그렇다면 김동인이 연애물, 역사물 등 다양한 문학양식을 두고 무리수를 두면서 까지 '탐정문학'을 연재소설의 양식으로서 선택해야만 했던 이유란 무 엇이었을까. 「수평선 너머로」에는 「염마」에서 강조되었던 '과학'의 부 분이 역시 강조되고 있다. 작품에서 소위 '과학탐정'으로서 언급되는 서인준이라는 인물은 중국에서 중학을 졸업하고 오스트리아 비인대학 에서 이학 박사학위를 취득한 것으로 설정되고 있는가 하면,[39] 또 다른 등장인물 미스 영이라는 인물 역시 베를린 대학에서 이학 박사학위를 취득한 것으로 설정되어 있다. '과학'의 중요성에 대한 강조는 조선총 독부 고등계형사인 이필호의 사건해결 방식을 비과학적이라면서 비판 하는 서인준의 모습을 통해서도 발견된다. 실제로 서인준은 이필호가 도저히 따라잡을 수 없는 다양한 과학적 지식을 활용하여 사건을 해결 하며, 이 지식 덕분에 식민지 불온세력인 서인준은 제국의 고등계 형사 이필호를 제압하고 있다. "과학의 승리자는 모든 것의 승리자다"라는

---

39) 서인준의 중학교 이력에 관해서는 동일 작품 속에서 중국에서 졸업한 것으로 나왔다가 또 갑자기 오스트리아에서 졸업한 것으로 명시되는 등, 상당히 혼란된 형태로 언급되고 있다.

당시 과학보급운동의 구호가 이 두 인물의 관계 역전을 통해서 현실화되고 있는 것이다. 과학의 힘을 조선의 대중들에게 인지시킴에 있어서 이보다 더한 장치가 있을 수 있을까. 이 지점에서 본다면 「수평선 너머로」는 분명히 1934년 과학데이 개최를 통해 조선 전역으로 보급되고 있던, 일종의 민족운동으로서의 과학대중화운동의 연장선상에서 파악될 수도 있을 것이다. 그러나 이 작품의 발표지가 총독부 기관지 『매일신보』라는 점에서 이 문제는 이처럼 간단하게 해석될 수는 없을 듯하다.

「수평선 너머로」는 조선 고등계 형사 이필호와 상해 민족주의 단체 간부 서인준이 봉천에서 출발하여 부산으로 향하는 기차 안에서 우연히 만나면서 시작된다. 고등계 형사 이필호는 신경에 출장을 다녀오는 길이며, 서인준은 독립자금 마련을 위해 십 년 만에 상해에서 조선으로 귀국하는 중이다. 한 사람은 만주국의 수도 신경에서, 그리고 또 한 사람은 조선 임시정부가 있던 상해에서 제각기 출발하고 있는 것으로 이 출발점이야말로 그들의 현실을 반영하는 중요한 상징이 된다. 그러나 만주사변을 거쳐, 중일전쟁을 향해 가고 있던 1934년 식민지 조선의 삼엄한 정치적 정황을 고려한다면 '민족주의 단체 간부'의 '독립자금 마련을 위한 귀국'이라는 상황설정은 상당히 의외라고 하지 않을 수 없다. 특히 이 민족주의 단체의 간부라는 인물이, 국제적 범죄 단체의 소탕이라는 중요한 목표가 있다고는 해도, 고등계 형사를 자신의 수족처럼 활용하는 것도 모자라, 일반 순사들까지 자신의 사립정보원처럼 활용하는 작품의 설정은 비현실적일 정도로 시대적 정황과 심하게 배치되어 있다. 그런 점에서 본다면 과학대중화운동의 촉진을 위해, 과학의 중요성을 부각시키는 것 이외에는 시대적 현실을 어떻게도 반영할 수 없었던 「염마」의 한계가 오히려 현실적이었다고 할 수 있다.

그렇다면 문제는 「수평선 너머로」에서 발견되는 이 과다한 민족주의를 1934년의 시대적 정황과 어떻게 연결시켜 이해해야 하는가 이다. 중일전쟁을 향해 전열을 정비해가고 있던 정치적 정황 하의 일본에게 식민지 내의 균열을 담백하게 수용해줄 만큼의 '여유' 혹은 '배려'라는 것이 있을 리는 없기 때문이다. 그럼에도 불구하고 「수평선 너머로」에서 이 균열들이 너무나 공공연하게 표출되고 있다는 것은 그 배후에 무언가 거대한, 제국의 정치적 함의가 내재되어 있었기 때문은 아닐까. 이와 같은 의심을 가지고 다시 작품을 돌아볼 때 거기에서 발견되는 것은 일견 극도로 리얼리티를 지닌 듯하나, 리얼리티와는 완전하게 괴리된, 말 그대로 역사성이 소멸된 기묘한 세계이다. 동족에 대한 죄의식에 번민하는 제국의 형사 이필호, 제국의 권위에 끊임없이 도전하는 식민지 민족주의자 서인준, 그리고 이들의 갈등과 도전을 수용해주는 제국의 관대함, 이들이 조합되면서 역사적 현실이 소멸되는 대신 낭만적이며, 환상적인 한편의 활극이 창출된다. '만보산 사건'을 테마로 한 「붉은산」을 창작하면서 역사를 기묘하게 관념화시켜버렸던[40] 김동인의 현실변용 능력이 여전히 빛을 잃지 않고 있었다고나 할까.

물론 활극 「수평선 너머로」의 탄생이 김동인의 기묘한 현실변용 능력이라든가, 신문연재소설의 필수적 요건으로서의 '재미'에 대한 김동

---

40) 김동인의 「붉은산」(1932)은 1931년 중국 장춘 북쪽의 만보산에서 발생한 조선인 농민과 중국인 농민 간의 분쟁을 소재로 하고 있다. 실질적으로 중국과 일본의 대립으로 발생할 뻔했던 이 사건은 이후 중일 전쟁의 갈등을 내재시킨 사건이었다. 그러나 이처럼 당대의 첨예한 현실을 소재로 하고 있음에도 이 작품은 낭만주의적 민족주의로 귀결됨으로써 역사를 관념화 시켜버리고 있다. 이에 대해서는 정혜영, 「관념으로서의 역사, 관념으로서의 근대」(『식민지기 문학과 근대성』, 소명출판사, 2009)를 참조했음.

인 특유의 감각에서 기인되었던 것만은 아니었던 듯하다. 서인준과 미
스영, 그리고 서인준과 이필호 사이에 이루어지는 다음의 대화는 이 점
에서 주목할 만하다.

> 한참 뒤에 미스 영이 또 먼저 입을 열었다.
> 『선생님!』
> 『네?』
> 『일이란 어떤 일이오니까?』
> 인준이는 대답지 않고 <영>의 얼굴만 들여다보았다. 미스 영이 질문
> 의 형식을 바꾸었다.
> 『선생님의 일이란 일본 법률이 허락하는 일이오니까, 혹은 법률이 금
> 하는 일이오니까?』 너무도 기괴한 질문이었다. 이 기괴한 질문을 하는
> 괴상한 여인의 얼굴을 인준이는 눈을 똑바로 뜨고 굽어보았다.[41]
>
> 『다른 게 아니라, 나도 내 아랫사람 십여 명을 데리고 무슨 일을 하나
> 꾸미려 들었다가, 그만 뚱딴지 LC당 사건 때문에 시기를 놓쳐 버려서
> 헛길을 하게 됐소이다. LC당 사건만 해결을 지어 놓고는 나도 단원 전
> 부를 인솔하고 도로 상해로 돌아가야겠는데 그 돌아갈 때에 경찰의 간
> 섭이라도 있으면 귀찮아, 아무 법률에 저촉된 일은 하지는 않았지만, 이
> 렇다 저렇다 말썽되기가 귀찮아서 가만히 돌아가고 싶은데 나와 우리
> 몇 당원이 상해로 돌아가는 데 대해서도 귀찮게 굴지 않을 것- 이것도
> 조건이외다.』
> 『법률에 저촉된 일만 없었으면?』[42]

서로 상반된 입장에 서 있는 두 인물이 서인준에게 공통적으로 질문

---

41) 김동인, 「수평선 너머로」, 『김동인전집』 4, 앞의 책, 60쪽.
42) 김동인, 「수평선 너머로」, 『김동인전집』 4, 116쪽.

하고 있는 것은 과연 서인준의 행위가 일본의 법률에 저촉되느냐 아니냐는 것, 즉 제국의 안위를 위협하느냐 아니냐는 것이다. 이 기준에서 본다면 서인준은 제국의 내부에 서 있는 인물이다. 원래의 의도야 어디에 있었건 간에 서인준은 국제적 범죄 단체, 그것도 영국인을 두목으로 둔, 그래서 일견 첩보전으로까지 확대될 수도 있을, 적성국의 음모에 맞서 제국의 안위를 지켜내고 있기 때문이다. 물론 미스영의 입을 통해 식민지의 우울한 정황에 대해 비판하는가 하면, 윤찬두의 재산 거금 사십 만원이 서인준의 의도대로 상해의 민족단체에게로 전달되는 등 일제 식민정책과 배치되는 일종의 '균열'들이 작품에서 빈번하게 발생되고 있기는 하다. 그러나 '제국'의 안위가 위협을 받는 순간 이 '균열'들은 어김없이 수면 아래로 가라앉고 대신 모든 힘들이 오로지 영국을 비롯한 서구의 불순세력들로부터 일본제국의 안위를 지켜내는 것에 집결되고 있다.[43] 제국의 안위에 대한 이 위기감의 유포라는 것이 대국민적 방첩의식의 강화로 이어지게 되는 것은 당연한 일일 것이다.

　민족주의 운동의 일환으로서의 '과학'에 대한 재발견이 「염마」의 창작의 기저를 이루고 있었다고 한다면 「수평선 너머로」에서는 오히려 그 '과학'의 힘이란 것이 '제국'의 안위를 유지하기 위해서 활용되고 있다. 『조선일보』에서 탐정소설 「염마」를 연재했던 것과 거의 동시기 『매

---

43) 김동인의 「수평선 너머로」를 "일본 제국주의에 의해서 유지되고 있는 사회질서의 통합 구조와 의미작용을 해체함으로써 제도적 질서와 대립"한 작품으로서 언급한 오혜진의 평가는(「1930년대 추리소설의 일고찰」, 『우리문학연구』, 20집, 331쪽) 1934년의 시대적 정황과 연결시킬 때는 물론 작품의 내용적 전개와 연결시킬 때도 많은 문제점을 내포하고 있다고 할 수 있다. 이보다는 "현실의 진정성을 호도, 교란하는 감성적 명분이나 통속적 흥밋거리"로서 민족주의를 활용하고 있다는 윤정헌(「1930년대 탐정소설의 두 양상」, 『어문학』 68집, 188쪽)의 지적이 정확하다고 할 수 있다.

일신보』에서 탐정소설 「수평선 너머로」의 연재를 기획했던 것은 우연
이었다기보다는 바로 이와 같은 치밀한 정치적 맥락이 자리해 있었던
것으로 추정된다. 말하자면 경성을 비롯하여, 전국적으로 확산되어가고
있던 과학대중화운동의 열기를 방첩의식으로 수렴시키고자 한 것, 방첩
소설 「수평선 너머로」의 등장은 그와 같은 『매일신보』의 의도로부터
비롯되고 있었다고 할 수 있다. 제국의 안위를 위협하거나, 위협하려고
한 일련의 사건이 내부자에 의해서가 아니라, 제국의 영역 밖에서 온
외부의 인물들, 예를 들자면 상해의 민족단체 내지는, 영국인이 핵심을
이루기는 하지만 상해에 본부를 LC당 등 식민지에 준하는 지역에서 온
인물들에 의해서 발생되는 「수평선 너머로」의 구도 역시 이 연장선상
에서 이해될 수 있다. 중요한 것은 이들의 불순한 의도에도 불구하고
제국의 안위는 마침내 지켜지고 있다는 점이다. 그런 점에서 본다면 김
동인이 지향한 '수평선 너머로'의 세계란 그가 언급하듯 황해를 넘어서
있는, 임시 '독립정부'가 위치한 상해였다기보다는 동해 너머 위치한
제국 일본이었다고 할 수 있을 것이다.


## 5. 제국의 문학으로서의 탐정문학

흥미로운 점은 범죄자=상해에서 온 인물들로 설정한 「수평선 너머
로」의 구도가 「염마」에서도 동일하게 발견되고 있다는 점이다. 「염마」
에서 흉악한 범죄를 일으키는 인물들은 모두 한결같이 예전 조선에 거
주하기는 했으되, 상해로 이주했다가 다시 돌아온 인물들, 즉 상해에서
온 인물들이다. 상해란 도시는 조선에서 범죄를 짓고 도피한 자들, 혹

은 조선에서의 삶이 힘들어 떠날 수밖에 없었던 일련의 인물들이 거주하는 지역으로서 설정되고 있는 것이다. 여기에는 당대 속에서의 상해의 이미지, 즉 아시아 최고의 모던 도시이자, 제국주의의 각축장으로서 온갖 부정과 부패, 암투가 발생하고 있던 상해의 이미지가 상당한 영향을 끼치고 있었던 것으로 추정된다. 각국의 첩보전이 치열하게 벌어지는 근대적 도시 상해야말로 '범죄'의 발생을 기본으로 한 탐정소설의 형성에 최적의 장소였던 것이다 그러나 여기서 실질적으로 주목하고 싶은 것은 이와 같은 상해의 이미지가 아니라, 상해의 불온함을 통해 자연스럽게 반영되는 평온과 흔들림 없는 안온함의 도시, 성실하고 정직한 자들의 도시로서의 경성, 즉 조선의 이미지이다.

물론 방첩소설 「수평선 너머로」와 달리, 일종의 민족운동으로서의 과학대중화운동의 연장선상에서 창작되었던 「염마」가 제국의 의도를 직극직으로 반영한 이와 같은 구도를 의도적으로 활용하고 있었다고 보기는 어렵다. 오히려 그보다는 셜록 홈즈로 대변되는 제국주의 확장기의 영국 탐정소설을 모형으로 해서 탐정소설을 창작할 수밖에 없었던 조선 탐정문학의 빈한한 현실에서 기인되었다고 보는 편이 옳을 것이다. 실제로 「수평선 너머로」는 물론 「염마」 역시 제국주의 확장기의 영국탐정문학의 구도, 예를 들자면 우수한 과학자이자 유능한 스포츠맨이며 귀족적인 여유와 세련됨을 지닌 상류계급의 인물이었던 셜록 홈즈를 비롯한 영국 탐정문학의 탐정들의 이미지에서부터 범죄자들을 외부에서 유입된 자, 즉 식민지 거주인들로서 설정하는 것에 이르기까지 영국탐정문학의 구도를 그대로 차용하고 있다. 문제는 김동인은 그렇다고 치더라도 채만식 역시 이 차용의 과정에서 자신도 모르는 사이에 그에 내재되어있던, 제국의 위상의 강화와 식민지 교화의 정당성 확보라는 제국주의 이데올로기까지 함께 차용해버리고 있었다는 점이다.

　의외로 이와 같은 문제점은 「수평선 너머로」보다는 「염마」에서 보다 심각하게 나타나고 있다. 「염마」의 범죄자들은 조선에서 범죄를 짓고 상해로 도주했던 자들로서 이들에 의해서 작품에서는 두 종류의 조선인상이 형성된다. 준법정신이 투철하며 선량한 조선인과 범죄에 관여한 야만적이며, 불온한 조선인. 이 양자 간의 경계는 후자를 또 다른 식민지 상해와 연결시킴에 의해서 자연스럽게 조선인을, 순종적이며, 성실한 제국의 신민으로서의 조선인과 비루한 식민지인으로서의 조선인으로 이원화시켜, 제국의 의도에 맞게 조선인을 차별화시키는 또 다른 경계가 되고 있다. 물론 이 경계를 확정하고, 제국의 안위를 확보하는 것에 결정적 역할을 하는 것은 경계의 안쪽에 있던 탐정이다. 「염마」에서 일반적 탐정소설에서 당연히 제시되는 경찰과의 제휴를 전면 차단함으로써 제국의 공권력과의 연계를 어떻게든 피하고 있었던 채만식의 태도를 고려할 때 이는 참으로 아이러니컬한 결과라고 하지 않을 수 없다. 이 점에서 본다면, 「수평선 너머로」와 「염마」 두 편의 탐정소설은 작가 개개인의 창작 의도야 어떠했건 간에 동일하게 제국주의 이데올로기를 적극 강조하고 있었다고 할 수 있다. 그리고 그것이 식민지 탐정문학의 태생적 한계였다.

# 소년 탐정소설의 두 가지 존재양상

## 1. 두 편의 소년 탐정소설

우리 문학사에서 소년 탐정물의 창작은 1925년 1월 『어린이』에 발표된 방정환의 「동생을 차즈러」와 더불어 시작된다. 탐정물이라기보다는 일종의 모험소설에 가까운 이 작품을 방정환은 애써 탐정물로 설정하고는 '탐정소설'이라는 제명 아래 「칠칠단의 비밀」, 「소년삼태성」, 「소년사천왕」 등 세 편의 작품을 연속적으로 발표한다. 방정환의 네 편의 작품 이후 한동안 모습을 찾기 어려웠던 소년 탐정물은 1935년 2월 『소년중앙』에 박태원의 「특진생」[1]이 연재되면서 다시 모습을 드러낸다.

---

1) 「특진생」은 1935년 2월 '탐정소설'이라는 제명 아래 『소년중앙』에 발표된다. 그러나 현재 1935년 발간된 『소년중앙』이 2, 3, 4월호와 7월호만 소재가 확인됨에 따라 4월까지 게재된 후, 7월호에서 모습을 보이지 않는 것으로 보아 대략 5월 내지 6월호에서 연재가 마감된 것으로 보인다.

이어서 일본탐정소설전문잡지 문예현상모집에 당선되었던 김내성이 1937년 6월 『소년』에 탐정모험소설 「백가면」을 발표, 독자들의 엄청난 호응을 얻게 된다. 그러나 192, 30년대 탐정물에 퍼부어졌던 관심 및 호응과는 별도로 소년 탐정물은 이들 작품들을 마지막으로 식민지기 조선에서 더 이상 모습을 찾기 힘들게 된다.

모두 합쳐서 열 편을 넘지 못했던 이들 소년탐정물들은 이질적 이념을 지닌 소년잡지들을 통해 모습을 드러낸다. 개벽사에서 발행한『어린이』, 조선중앙일보에서 발행한 『소년중앙』, 조선일보출판부에서 발행한 『소년』. 이들 소년 잡지들이 거의 공통적으로 창간과 더불어 소년탐정물의 연재를 시작했다는 것이 단지 우연이었을까.2) 창작탐정물이 거의 없었던 1920년대 중반『어린이』 잡지를 발간하면서 소년탐정물 창작에 의욕적이었던 방정환. 그리고 조선인으로서는 최초로 일본탐정소설전문잡지 문예현상모집에 당선된 후 탐정소설가가 될 것이라는 포부를 안고 조선으로 귀국, 급작스레 추리에 기반 한 탐정소설보다는 일종의 모험 소설의 성격이 강한 소년탐정모험소설을 발표한 김내성. 이들의 선택과 변화는 어디에서 기인되었던 것일까. 이 점에서 소년탐정소설이라는 새로운 장르를 개척한 방정환의 「칠칠단의 비밀」, 그리고 엄청난 대중적 호응을 받았던 김내성의 「백가면」, 두 작품에 대한 고찰은 중요한 의미를 지닌다.

---

2) 이들 소년탐정소설들은 공통적으로 창간호 다음호부터 게재되고 있다. 이와 같은 측면은 이들 어린이 잡지들이 탐정소설이 지닌 강력한 대중성을 감지하고 있음을 의미하는 것이다.

## 2. 소년탐정물의 등장과 『어린이』

### (1) 『어린이』와 대중적 공유성

　한국탐정문학사에서 소년탐정물
의 역사는 개벽사에서 발간한 잡
지 『어린이』의 등장과 더불어 시
작된다. 『어린이』는 널리 알려져
있듯 방정환이 아동을 대상으로
하여 1923년 3월 창간한 잡지이
다. 이 잡지에 방정환은 자신의 본
명은 물론, 소파라는 호, 그리고
몽중인,3) 북극성 등의 필명을 사
용하여 논설문, 번역 동화, 창작동
화, 소년탐정물을 발표한다. '방정
환'이라는 본명과 소파라는 호, 필

『어린이』, 1930. 3.

명 몽중인이 주로 논설문, 창작 및 번역 동화, 야화 등 여러 가지 장르
에 걸쳐서 번갈아가며 사용되고 있었던 반면 '북극성'은 탐정물의 발표
에 한정되어 사용되고 있었다. 이와 같은 차이가 탐정물과 여타 장르
간의 차별화를 위한 것이었는지 무엇인지는 명확히 알기 어렵다. 일단

---

3) 방정환은 소파라는 호와 몽중인이라는 필명으로 창간호에 동시에 동화번역물들을 발표
　한다. 몽중인이라는 필명의 경우 어린이 잡지 1923년 8월호에 '몽중인은 누구일까'를 현
　상문제로 내걸고 11월호에서 몽중인이 소파 방정환임을 사진과 더불어 밝히고 있다(「제
　7회현상선발표」, 『어린이』 제1권 10호, 1923. 11, 43쪽). 그리고 '북극성'의 경우에도 '북
　극성 알아내기'라는 제명 아래 동일한 현상문제로 1925년 6월호에 제시되고 있다(「신현
　상」, 『어린이』 제3권 6호, 1925. 6, 47쪽).

방정환은 여타의 필명들 중 '북극성'이라는 필명을 사용, 「동생을차즈러」(1925. 01~10), 「칠칠단의비밀」(1926. 04~1927. 11), 「소년삼태성」(1929. 01~02), 「소년사천왕」(1929. 12~1931. 01) 등 네 편의 소년탐정물을 발표하고 있었던 것이다.

　탐정물에 대한 이와 같은 관심이 『어린이』를 중심으로 처음 모습을 나타내었던 것은 아니다. 1910년대 번역탐정물과 더불어 등장한 탐정물4)은 번역 탐정물에 대한 대중의 관심이 높아지면서 1920년대에 이르면 창작으로까지 연결된다. 그러나 이 창작이라는 것이 '탐정소설'이라는 명칭을 내걸고 있기는 하지만 대체로 신소설의 변형을 넘어서기 힘든 수준이었거나 번안의 의심을 지우기 힘든 상태5)를 지닌 것이었다. 적어도 1929년 『신민』에 발표된 단정학의 「겻쇠」6)가 발표되기까지 조선에서의 탐정문학의 창작 상황은 이 수준을 벗어나기 힘들었다. 그렇게 본다면 1920년대 중반 '탐정소설'이라는 명칭 아래 발표된 방정환

---

4) 우리 문학사에 최초로 발표된 탐정물은 코난 도일의 작품을 번역한 「충복」이다. 『태서문예신보』에 1918년 10월 19일부터 11월 16일에 걸쳐 발표된 이 작품의 번역자는 해몽생이다.

5) 우리문학사에서 '탐정소설'이라는 제명 아래 발표된 최초의 탐정물은 1919년 『녹성』의 '100원 현상문예모집'에 당선된 「의문의 死」이다. 그러나 이 작품의 경우 등장 인물과 배경 모두 서양에서 취하고 있다는 점에서 창작이라기보다는 번안, 혹은 번역이었을 가능성이 높다. 이어 발표된 창작탐정소설로는 박병호의 「혈가사」가 있다. 그러나 '탐정소설'이라는 제명을 달고 1926년에 울산인쇄소에서 발표된 「혈가사」는 1920년 불교계 잡지 『취산보림』에 작가 박병호가 '장편신소설'이라는 제명 아래 발표, 연재 중단했던 것을 육년 후 갑작스레 '탐정소설'이라는 제명 아래 발표한 것이다. 탐정이 등장하기는 하나 신소설의 일반적 한계와 특징을 그대로 답습한 것으로 보아, 박병호가 이 작품을 다시 출판하면서 당시 대중적 인기를 끌었던 '탐정소설'이라는 명칭을 붙였던 것으로 파악된다.

6) 「겻쇠」는 『신민』에 1929. 11~1931. 6에 걸쳐서 연재된 작품으로 『신민』에 대한 일제의 검열상황으로 인해 연재 중단된다. 작품의 내용은 일제의 밀정인 손우정이라는 인물과 조선의열단으로 추정되는 조직 간의 대결을 중심으로 하고 있다.

한글로 표기10)하는 등의 잡지의 구성은 여타의 아동 잡지와 비교할 때
는 물론, 『개벽』, 『신여성』 등 동사(同社)에서 편찬한 종합잡지들과 비교
할 때에도 상당히 대중적이라고 할 수 있다. 이와 같은 어린이의 외형
적 구성은 판매방식을 고려할 때 보다 분명하게 드러난다. 매호 빠짐없
이 등장하는 판매에 대한 과대선전, 매호마다 현상문제를 제시, 첨부된
'독자증'을 답안과 함께 동봉한 엽서에 한해서 추첨, 상품을 증정하는
가 하면11) 세계일주 경쟁말판, 세계일주 사진 등 부록을 주고 동화구연
과 연극으로 이루어진 '가을노리 소년소녀대회' 등 『어린이』 잡지에서
주관하는 다양한 행사 입장권을 잡지에 끼워 넣는 등의 끼워 팔기식의
상업적 판매방식을 채택하고 있었던 것이다.12)

　어린이 날 제정, 색동회 조직 등 아동교육에 앞장섰던 문화운동가로
서의 방정환의 모습을 고려할 때 이와 같은 『어린이』의 기획 의도는 어
렵지 않게 이해된다. 방정환에게 있어서 상업주의적 판매방식을 노입한
대중성 확보란 아동교육을 대사회적으로 전파시켜가기 위한 중요한 하
나의 방법론이었던 것이다. 그러나 그 의도라는 것이 '아동 교육'과 같
은 계몽적 측면에만 있지는 않았던 듯하다. 『어린이』지에 중국동포가
기고한 작문의 한 부분. "어린이잡지로하야 천리밧게잇서서도 다갓흔정
신으로 다갓흔생각으로자라가고 잇는 것을 생각하면 마음이 끔직해"13)

10) 「어린이 독본」의 경우 한자 옆에 한글 달아 놓고, 그 외에는 한글로 표기하되 한자가
　　필요한 경우 옆에 별도로 한자를 표기하는 방식을 채택하고 있다.
11) 이 상품의 경우 초기에는 학생시계, 학생모자, 방정환이 출판한 사랑의 선물전집, 동요
　　엽서 등이 제시되다가 후반기로 가면 학생시계와 더불어 현금까지 제시된다.
12) 이와 같은 상업적 판매방식은 현상문제를 맞출 경우 상금 십원까지 주는 등 어린이 대상
　　잡지였다는 점을 고려할 때 지나치게 극단적 형태로까지 진전되고 있다. 다음의 문구는
　　이 점에서 참조할 만하다. 『"삼십전주고도 못살 부록을한장씩 거저껴드리고 아모나탈수
　　잇는 시계현상문제까지잇고 책갑은 여전히 단 十전임니다."(『어린이』, 1929. 12, 69쪽)

진다는 언급은 이 점에서 주목할 만하다. '대중적 공유성'을 확보, 이를 민족적 연대감으로 연결시키고자하는 것, 그것이 『어린이』가 지향한 최종적 목표였다고 할 수 있다. 대중적 호응을 강하게 얻고 있던 탐정문학은 이 점에서 참으로 유효한 방법이었던 듯하다. 방정환이 탐정문학을 '해롭고 위험한' 것으로 파악하면서도 이를 아동문학의 영역에 적용한 것은 바로 이와 같은 맥락에서였다고 할 수 있다.

### (2) 방정환의 소년탐정소설과 조선정신

『어린이』지에 발표된 방정환의 탐정소설은 「동생을차즈러」(1925. 01~10), 「칠칠단의비밀」(1926. 04~1927. 11), 「소년삼태성」(1929. 01. 연재중단), 「소년사천왕」(1929. 12~1931. 01) 등 모두 네 편이다. 이들 중 검열에 걸려 1회로 연재 중단된 「소년삼태성」[14]을 제외한 나머지 작품들은 일 여년에 걸쳐 연재되면서 독자들로부터 상당한 호평을 받는다. '십만독자의 끌는듯한환영

「칠칠단의 비밀」 1회(『어린이』 1926. 4.)

---

13) 중국철령의 안시원이라는 이름으로 투고된 작문에서 지은이는 자신은 시베리아 들에서 쓸쓸히 지내고 있지만 어린이를 통해서 고국의 동포들과 연결되어 있음을 느끼고 있다고 언급하고 있다(「작문」, 『어린이』, 1927. 3, 61쪽).

14) 「소년삼태성」은 1회 연재 후 2회 부분이 게재 예정이었으나 검열에 걸려 삭제된다. 이후 방정환은 「소년삼태성」의 인물구도와 내용구성을 거의 그대로 채택, 「소년사천왕」이라는 제명으로 『어린이』에 연재한다.

을 밧'15)았다는 방정환의 언급이나, 방정환 탐정소설의 연재분량 증량
을 요청하는 독자 투고란의 성화 등을 통해 이들 탐정소설들의 인기를
짐작해볼 수 있다. 물론『어린이』측에서도 상금을 내건 현상문제를「소
년사천왕」의 내용에서 낸다든지16) 연재예고의 특별 광고를 하는 등, 이
들 작품들을 대중에게 보다 부각시키기 위해 상당한 노력을 기울이고
있었다. 잡지사 측의 이와 같은 노력이 단지 판매부수를 높이기 위한
상업주의적 판매 전략에서 기인되었던 것만은 아니었던 듯하다.「소년
사천왕」연재 첫 회에서 이전 발표된 자신의 일련의 탐정소설들이 "보
통 수신교과서도 가르키지못할 조흔 것" 혹은 "곱고도 굿센힘"17)을 길
러 주는 것에 역점을 두고 있다고 평한 방정환의 언급은 이 점에서 주
목할 만하다.

『어린이』에 발표된 네 편의 탐정소설은 곤경에 처한 형제(「동생을 차즈
러」,「칠칠단의 비밀」)와 친구(「소년삼태성」,「소년사천왕」)를 구출하는 일종의
모험담으로 이루어져 있다. "아슬아슬하고 자미있는 중에도 한줄긔 눈
물나게 따뜻한 인정이 엉키여 움직"18)이는 것을 묘사하고 싶다고 한
방정환의 의도는 모험담의 구조 속에서 이들 네 편의 작품을 이끌어가
는 핵심적 동인이 되고 있다. 작품 속의 소년들은 갖은 역경 속에서도
순수한 마음을 잃지 않으며 그들을 괴롭히는 탐욕스러운 어른들에 대

---

15) 북극성,「소년사천왕」,『어린이』, 34쪽.
16) 일반적 현상문제의 경우 동요엽서, 시계 등의 상품을 내걸었던 것과 달리「소년사천왕」
    5회의 경우는 '상금십원주는'이라는 부제를 단 후「소년사천왕」이라는 제목으로 내용
    을 시작하는가 하면 '賞金進呈'이라는 제명 아래 문제를 제시하고는 십 원이라는 상금
    을 내걸고 있다(이에 대해서는『어린이』, 1930. 5, 64~66쪽 참조).
17) 북극성,「소년사천왕」, 앞의 책, 34~35쪽.
18) 북극성,「소년사천왕」, 앞의 책, 34쪽.

적하여 마침내 감동적 결말을 이끌어낸다. 그러나 이와 같은 구도가 단지 소년들의 눈물겨운 우정과 같은 '한줄기 눈물나게 따뜻한 인정'의 세계를 묘사하는 것에 그 목적을 두고 있었다고 보기는 힘들 듯하다. 이 점에서 대중들의 열렬한 호응을 받았던 「칠칠단의 비밀」은 주목할 만하다.

「칠칠단의 비밀」은 곡예사 출신의 소년 상호가 악랄한 곡예단 단장에게 납치된 동생을 구출하기 위해 벌이는 모험담이다. 진고개에 등장한 일본 곡마단 소속의 소년 상호는 우연찮은 기회에 자신이 조선인이며, 곡마단 단장에게 여동생과 함께 어린 시절 납치되어 곡마단의 단원으로 키워졌다는 것을 알고는 탈출을 감행한다. 이 과정에서 여동생 순자가 곡마단 단장에게 잡혀 중국 봉천으로 끌려가게 되고 상호가 친우 한기호와 더불어 순자를 구출하기 위해서 봉천으로 떠나면서 이야기는 본격적으로 전개된다. 어린 여동생을 향한 오빠의 지극한 사랑, 역경 속에서도 변하지 않는 친구들 간의 우정. 「칠칠단의 비밀」에서 묘사되는 이와 같은 '눈물나게 따뜻한 인정'의 세계는 악랄하고 폭력적인 일본인 곡마단 단장과 순수하고 연약한 조선인 소년 상호, 이들 양자 간의 대결로 요약되면서 순수한 동심의 구현, 혹은 아동교육의 계몽적 차원을 넘어 제국 : 식민지라는 정치적 맥락으로 확대된다.

실제로 「칠칠단의 비밀」은 근대적 풍광을 지닌 진고개와 '곡마단', 그리고 당시 대중적 인기를 얻고 있었던 '탐정소설' 등 대중의 흥미를 자극할만한 요소를 표면적으로 내세우면서 식민지의 현실을 지속적으로 환기시키고 있다. 이야기의 중심을 이루고 있는 곡마단의 형태, 예를 들자면 일본인 단장을 중심으로 일본인, 중국인, 조선인으로 형성되어 있는 곡마단의 형태는 일본이 기획하고 있던 대륙진출의 의지로 어 렵지 않게 연결된다. 또한 곡마단 단장에 의해 유아기 때 납치되어 일 본어를 쓰면서 자신이 조선인이라는 것조차 모른 채 성장한 가련한 두 남매의 상황에서 일제의 침탈을 겪은 조선의 애절한 상황을 읽을 수 있 다. 이 점에서 본다면 방정환이 지칭한 어린이란 넓게는 제국의 침탈을 겪은 유약하고도 순수한 조선을 상징한 것으로 이해해도 좋을 것이다. 그러므로 어른과 어린이, 거대한 조직과 유약한 개인의 대결의 결말 엄 밀히 말해서 곡마단 단장으로부터 동생 순이를 구출하기 위한 상호의 노력이 어떤 형태로 해결되는가는 주목할 만하다. 이를 위해 사법제도 에 대한 방정환의 인식을 살펴볼 필요가 있다. 다음은 곡마단에서 탈출 한 상호 남매를 곡마단 단장 부부가 경찰서에 고발하는 장면이다.

> 단장 마누라가 악지를 세어서 긔어코 ○뎡경찰서에 그 반쪽쪽지를 갓 다가주고 그동안지나이약이와 오늘 여자까지 마져다리고다라나일을 자 세히 자세히이약이하엿습니다.
> 「올치 참 조흔 것을 가저오섯소 이것만잇스면 당장에차저드리지요」
> 뜨밧게경찰서에서는 그쪽지반쪽을 대단히깃버하엿습니다.
> 「동리일홈이업서도요?」
> 「동리일홈업서도 곳 잡아드릴터이니 렴려말고가서기다리시오」
> 이럿케일러서돌려보내놋코 그경부는, 즉시 종○경찰서로던화를걸고, 북촌일대에 어느동리던지 동리란동리마다 三百五十四번지는 모조리들뒤 여달라고부탁하엿습니다.
> 이 부탁을밧은 종○경찰서에서는 곳각처파출소에 던화를하야 어느동 리던지 삼백오십사번지를됴사하라고 명령햇습니다.[19]

---

19) 북극성, 「칠칠단의 비밀」, 『어린이』, 1926. 10, 43쪽.

일개 곡마단 단원의 도주 사건에 대해서 자초지종도 살피지 않고 적극적 수색 작업을 실시하는 경찰의 모습은 일반적 측면에서 볼 때 상당히 비현실적이라고 할 수 있다. 「칠칠단의 비밀」 자체가 십 수 년을 헤어진 외삼촌과 조카가 갑작스레 상봉하는가 하면, 조선도 아닌 중국 봉천에서 십 수 년을 헤어진 부자가 우연하게 상봉을 하는 등 신소설의 전근대적 측면을 강하게 드러내고 있기는 하지만 '경찰의 수색작업' 설정 역시 그와 같은 결함의 결과로서 파악할 수는 없을 듯하다. 조선인 권익보호와는 무관하게 움직이는 경찰로 인해 훨씬 더 절박한 처지에 빠진 상호 남매가 마침내 자유를 얻게 되는 일련의 과정은 이에 대한 하나의 근거로서 제시될 수 있다.

조선을 거쳐 중국 봉천으로 공간적 배경을 옮긴 이 장대한 소설에서 곤경에 처한 어린 두 남매를 구원하는 것은 경찰이 아니라 봉천[20]의 조선인단체이다. 어린 시절 헤어진 아버지를 조선인 단체의 회장으로 설정, 조선인단체 등장의 표면적 이유로 삼고 있기는 하지만 실제로 '일만 오천 명'이 넘는, 그야말로 일제의 입장에서 볼 때 '불온한 기운'이 가득한 이 단체가 등장한 것은 또 다른 이유에서였던 듯하다. 자신의 일련의 탐정소설에 대한 소개를 담은 「소년사천왕」 첫 회에서 방정환은 "봉텬조선인단테에서 나팔을불어회원을 모아가지고 몰켜나스는"[21] 것이라면서 「칠칠단의 비밀」의 이 결말 부분에 대해서 상당한 감동에

---

20) 평양을 범죄 사건 발생의 배경으로 설정한 방정환의 또 다른 소년탐정소설 「소년삼태성」에서도 직접적 배경으로 등장하지는 않으나 '봉천행 열차'라는 언급이 몇 차례에 걸쳐서 등장하고 있는 것으로 볼 때 방정환은 '봉천'의 이미지 부각에 상당한 중심을 두었던 듯하다.
21) 북극성, 「소년사천왕」, 앞의 책, 35쪽.

젖어 술회하고 있다. "어린이잡지로하야 천리밧게잇서서도 다갓흔정신
으로 다갓흔생각으로자라가고 잇는 것을 생각"하게 하려던 『어린이』
발간의 의도가 여기서 다시 한번 확인되고 있는 것이다. 그 결말 부분
을 정확하게 인용해보면 다음과 같다.

> 중국놈의 경찰서도 밋을수가업고 이곳에조선사람들의회가잇기만잇스
> 면 거긔를차저갈밧게업다고생각하고 곳 경찰서에가서 조선사람의회가
> 어데잇는 것을 알아가지고나와서 그리로 그리로 조선사람! 조선사람들
> 을차저서 뛰어가는것이엿습니다.
> 아아 아아 반가울손 그간판! 조선인협회라는 그간판! 숨이모자라 헐덕
> 이면서도 그간판을볼때에 긔호의눈에는 눈물이 핑고엿습니다. …(중
> 략)… 오분이 못지나서 한 양복닙은청년이 마당에나서서 라팔(喇叭)을
> 크게불기시작하엿습니다. 새벽한울에 멀니멀니 울려퍼지는 씩씩한라팔
> 소리에 긔호는 웃지 긔운이나는지 그냥 안젓지못하고 벌덕니러나서 그
> 리로뛰여나갓슴니다.[22]

이 작품에 앞서 발표되었던 「동생을 차즈러」의 결말 부분, 예를 들자
면 고난에 처한 어린 남매를 도우기 위해 인천 소년회에서 나서는 것과
같은 집단적 단결력의 강조가 여기서도 동일하게 반복되고 있다. 이 반
복을 통해 민족적 단결력의 의미가 감동적으로 환기되고 있는 것이다.
이 일련의 과정 속에서 방정환은 식민지 상황에 대한 자신의 견해를 우
회적으로 표명하고 있다. 공간적 배경을 봉천으로 옮겨 아편 밀매단 두
목이었던 곡마단 단장의 체포를 조선인 단체가 중국인 경찰에게 위임
하는 결말을 제시, 일제의 사법권, 엄밀히 말해서 일제의 통치를 전면

---

22) 북극성, 「칠칠단의 비밀」, 앞의 책, 45~46쪽.

적으로 부정하고 있는 것이다. 조선 소년들의 순수한 마음과 깊은 결속
력이 악의로 가득 찬 일본인 조직의 거대한 힘을 물리치게 되는 것.
'탐정소설'의 해악23)을 걱정하면서도 방정환이 굳이 '탐정소설'이라는
대중적 장르를 채택했던 것은 바로 이 힘의 의미를 별다른 '검열'없이
효과적으로 전달하기 위해서였다고 할 수 있다.24)

　그러나 이 이면적 의도가 너무 강했던 것일까. 「칠칠단의 비밀」은
'탐정소설' 혹은 '대탐정소설 칠칠단의 비밀'이라는 제명까지 사용, 조
선 최초의 탐정소설로서의 자부심을 내세웠음에도 불구하고 의외로 '탐
정소설'로서 평가하기에는 많은 문제점을 노출시키고 있다. 계략의 사
용, 서투른 추론 등 초보적 수준에서의 '추리'의 제 과정이 우연성의 남
발, 비현실적 사건 전개 등 비합리적 상황과 결합되면서 '탐정소설'이
라기보다는 일종의 '영웅모험소설'이 탄생되고 있는 것이다. 탐정소설
을 '자미잇고 아슬아슬한 것' 즉, 일종의 '모험소설'과 동일시한 탐정소
설에 대한 방정환의 인식의 정도를 고려할 때 이와 같은 결과는 당연한
것이었다고 할 수 있다. 그러나 단지 그 이유뿐이었을까. 일본의 유명
탐정소설 전문잡지의 문예현상모집에 조선으로서는 최초로 입선했던
김내성의 소년탐정소설 「백가면」에 대한 고찰은 이 점에서 중요한 의
미를 지닌다.

---

23) 방정환은 탐정소설에 대한 개인적 견해를 피력한 「소년사천왕」에서 탐정소설은 재미있
　고 좋은 것이기는 하지만 어린이들에게는 "해롭기 쉬운 위험이"있다고 언급하고 있다.
　아울러 이 탐정소설로 인해 어린이들의 머리가 "거츨고 낮버지"는 것을 우려하고 있다
　(북극성, 「소년사천왕」, 앞의 책, 34쪽).
24) 이와 같은 '전략'이 길게는 통할 수 없었던 듯, 「칠칠단의 비밀」에 이어 탐정소설이라
　는 제명 아래 발표된 「소년삼태성」은 검열에 걸려 1회로 연재 중단된다.

## 3. 제국의 문학으로서의 소년탐정물

### (1)『소년』과 대중적 공유성

　　김내성의「백가면」은 1937년 6월부터 1938년 5월까지 십일 개월에
걸쳐서『소년』지에 연재된 작품이다. 발표 당시의 제명은 '탐정모험소
설'이며 삽화는 기존 김내성 탐정소설의 삽화를 담당했었던 정현웅이
맡고 있다.[25] 이 시기 김내성은 조선일보에서 창간한 종합대중잡지『조
광』편집부에 취직해 있었다.『소년』이『조광』의 발간에 이어 조선일보
사에서 아동을 독자 대상으로 하여 발간한 잡지였음은 주지의 사항이
다. '탐정물'에 전념하던 김내성이 어린이를 대상으로 한 일종의 변형
탐정물이라고 할 수 있는 '탐정모험소설'을 발표했던 것에는 이처럼 조
선일보라는 매개항이 자리해 있었다. 방정환의「칠칠단의 비밀」에 퍼부
어졌던 소년독자들의 열띤 성원이『어린이』의 대중적 파급력에 어느
정도 영향을 미쳤던가를 목도한 조선일보로서는 소년 탐정물의 게재란
필수적인 것이었다고 할 수 있다. 그리고 무엇보다 탐정소설 창작의 경
험이 전무했던 방정환과 달리, 조선인으로서는 최초로 일본탐정전문잡
지 문예현상모집에 입상한, 탐정소설전문작가 김내성이 그들에게는 있
었던 것이다.

　　실제로「백가면」은 연재기간 동안 단일 작품으로는 유일하게『소년』
의 독자투고란인 '소년담화실'에 매호 빠짐없이 그 감상평이 등장할 정
도로 엄청난 인기를 얻고 있었다. 김내성의 주소를 묻는 독자의 엽서라
든가 "『소년』오길 기다렸다가 조선일보 지국에서 왔다는 기별이 오면

---

25) 삽화는 1938년 1월호부터는 白華토으로 바뀐다.

당장 가서 사다가 잠깐 동안에 다 읽어버"린다면서 특히 "「백가면」은 참으로 재미있"26)다고 언급한 한 독자의 감상평에서 — 물론 이들 투고 엽서의 실재성을 전적으로 신뢰하기는 힘들기는 하지만 — 당대 사회에서『소년』과「백가면」의 인기를 감지할 수 있다.27) 그러나 '전 세계를 공포에 몰아넣은 도적' 백가면과 대적하는 소년들의 불굴의 무용담을 다룬 이 작품의 창작요인을 단지 작가 김내성 개인의 창작욕에서 찾을 수만은 없을 듯하다. 중일전쟁의 발발을 앞둔 이 작품의 창작 시기와 『소년』이라는 게재지의 제 특성을 고려할 때 작품의 창작에 내재된 복잡한 정치적 맥락을 감안하지 않을 수 없는 것이다. 이 점에서『소년』의 제 특징을 다시 한번 고찰해볼 필요가 있다.

　『소년』은 앞서 언급했듯이 조선일보사에서 아동을 대상으로 하여 1937년 4월 창간되어, 1940년 12월 통권 40호로 폐간된 잡지이다. 잡지의 편집인은 윤석중이며28) 이광수, 채만식, 주요섭, 최현배 등 당대 저명한 문필가들이 필진으로 참여하고 있다. '칠백만 조선 어린이'의 잡지를 표방한 이 잡지는 '수백만 조선 어린이'의 잡지를 표방했던『어린이』와 여러 가지 면에서 유사한 형태를 지니고 있다. 십년이라는 세월의 흐름 속에서 잡지 구성이 보다 화려하고 세련되어 졌다는 외형적 차이가 있을 뿐, 상업적 판매전략, 가벼운 읽을거리 중심의 내용구성을 통한 대중성 확보 등『어린이』의 판매 전략과 잡지 구성이 그대로 답습

---

26) 「우리들 기차」,『소년』, 1937. 10, 71쪽.
27) 일종의 모험소설인 채만식의 「어머니를 찾아서」와 주요섭의 「웅철이의 모험」 그리고 탐정소설인 박태원의 「소년탐정단」 등 흥미진진한 테마를 내세운 유수 작가들의 작품이 「백가면」과 동시에 혹은 이후 연재되고 있었다.
28) 1939년 9월호부터는 주간 겸 편집인이 소설가 이석훈으로 교체되고 있다.

『소년』 창간호(1937. 4) 표지(좌)와 소년병을 내세운 마라톤 카라멜 광고(1938. 3.)(우)

되고 있는 것이다. 그 답습이나 유사성의 정도라는 것은 상당히 극심해서 판매부수에 대한 『어린이』의 치기 어린 과장 광고가 『소년』에서도 "재판도 단 사흘만에 동이나서 또다시 三판을 내려다가 五월호를 박이는 중이므로 고만 못내고 말었"29)다는 형태로 반복되어 나타날 정도이다.30)

물론 이와 같은 유사성은 엄밀히 말하자면 대중성을 표방한 일련의 잡지들의 일반적 특성일 뿐 이 두 잡지만의 고유한 특성이라고 할 수는 없을 것이다. 그러므로 여기서 주목하고 싶은 것은 『소년』의 종합대중지로서의 속성보다는 그 이면적 의도이다. 대중적 공유성을 민족적 연

29) 「만들고나서」, 『소년』, 1937. 5, 80쪽.
30) 엄밀히 말해서 『어린이』와 『소년』 간의 유사성은 일본의 소년잡지 『少年世界』, 『赤い船』, 『少年グラブ』 등 소년잡지들의 형태에서 비롯된 것이라고 할 수 있다.

探偵冒險小說

白假面

金來成

19·意外

「백가면」 삽화(『소년』, 1938. 3.)

대감, 혹은 민족애로 전환시키고자 한 것과 같은 『어린이』의 움직임이 『소년』에도 강하게 내재해 있었는지, 있었다면 그 실질적 지향점은 무엇이었는가 하는 점이다. 『소년』의 발간이 공교롭게도 중일전쟁의 발발을 배경으로 하고 있었다는 점에서 이와 같은 의구심은 보다 깊어질 수밖에 없다. 가벼운 읽을거리 중심의 내용구성, 100면 내외로까지 증량된 지면, 매호마다 첨부된 2~6페이지의 옵셋 화보, 수많은 경품 제공. 그럼에도 가격은 십년 전 『어린이』가 내걸었던 것과 같은 십전. '칠백만 소년'의 잡지를 표방한 이 잡지의 실질적 의도를 파악함에 있어서 조선일보사에서 일반 성인 대중을 대상으로 발간했던 잡지 『조광』의 발간사는 중요한 의미를 지닌다.

　　現代에 있어서는 所謂 雜誌文化의 發展이 그 極度를 모하야 一個人의 것으로부터 一部落 一國民, 그리하여 전세계적인 者에 이르기까지 輝煌燦爛한 步調를 取하고 있습니다. 또한 그것을 通하야 한개의 心境이 披瀝되고 한개의 學說이 唱導되고 한개의 現像이 是非되고 한개의 思潮가 泉湧하여 마침내 波及함이 얼마나 강대한 줄을 알 수가 있습니다.

　　　　　　　　　(…중략…)

朝鮮사람은 무엇보다 常識으로서 남을 따르지 못합니다. 天地人 三才
를 通하야 各問의 專攻은 且值하고 먼저 常識의 缺乏이 얼마나 큰 悲哀
와 暗黑을 가져오는지 여기 云云할것까지도 없을 줄 알거니와 果然 常識
朝鮮의 形成이 얼마나 어떻게나 所重한 者임을 共感하는 바입니다.31)

'조선사람'으로 하여금 '상식'을 지니게 하겠다는 『조광』의 선도자적
태도는 "모르시는 것이 있거든 『소년』을 뒤져 그 모르시는 것을 알아
내"라면서 잡지를 독자들의 "스승"32)의 위치에 상정시키는 『소년』의
'오만한' 창간사에서도 동일하게 감지된다. 상식조선의 형성을 통해 한
개인이 국민으로 통합되어 가는 것, 그 중간 역할을 『조광』이 표방하고
나선 것이며, 그 연장선상에 『소년』이 자리해 있었다. 『조광』을 '아버
지 아저씨 언니 잡지'로서, 『여성』을 '어머니, 아즈머니, 누나 잡지'33)
로서 그리고 자신을 '칠백만 소년'의 잡지로서 설정, 이를 독자들에게
끊임없이 환기시키는 『소년』의 제 태도는 바로 그와 같은 측면을 의미
한다. 『어린이』가 지향했던 대중적 공유성의 확보가 여기서도 동일하게
지향되고 있는 것이다. 문제는 칠백만 소년과 누나, 언니, 아주머니, 아
저씨, 어머니, 아버지 즉 조선인 전체를 제국의 국민으로 통합해내려
한 그 '상식'의 지향점이 무엇이었던가 하는 점이다. 『소년』 1938년 8

---

31) 「刊에 際하여」, 『조광』, 1935. 11, 33쪽.
32) 「소년을 내면서」, 『소년』 창간호, 1937. 4, 9쪽.
33) 『소년』의 독자투고란인 「소년담화실」에는 빈번하게 『소년』 이외 무슨 잡지를 만들어
내고 있는 지에 대한 질문이 올라와 있다. 그때마다 답은 항상 일정하게 '아버지, 아저
씨, 언니 잡지 『조광』과 어머니, 아즈머니, 누나잡지 『여성』'을 거론하고 있다. 질문과
답이 항상 동일한 형태로 제시되고 있다는 점에서 이 질문은 실질적인 독자들의 의문
사항이었다기보다는 잡지사측에서 『조광』과 『여성』을 홍보하기 위해 만들어낸 것이었
을 가능성이 크다.

월부터 본격적으로 등장하기 시작하는 소년항공병의 늠름한 모습을 담
은 사진화보는 이 점에서 시사하는 바가 크다. 불굴의 용기로서 악의
무리에 맞서는 소년들의 모험담을 그린 「백가면」에서 그 해답의 일단
을 재차 확인할 수 있다.

### (2) 김내성 「백가면」과 제국의 국민으로서의 소년

「백가면」은 김내성이 조선어로 창작한 첫 탐정물이다. 이 작품에 앞
서 김내성은 1937년 2월 13일부터 3월 21일에 걸쳐 『조선일보』에 「가
상범인」을 발표한 바 있다. 이 작품이 1935년 일본 탐정문학 전문잡지
『프로필』에 발표했던 「탐정소설가의 살인」의 번역이었음을 고려한다면
「백가면」을 김내성의 첫 조선어 창작탐정물로서 설정할 수 있을 것이
다.34) 일본의 저명한 탐정소설 전문잡지 『프로필』 현상문예모집에 조
선인으로서는 최초로 당선, 두 편의 탐정소설을 연달아 발표했던 김내
성이 조선 귀국 후 창작한 첫 작품이 소년탐정물, 특히 '모험'이 첨가된
소년탐정물이라는 점은 다소 의외라고 하지 않을 수 없다. 물론 여기에
는 김내성이 깊게 동화되어 있던 일본 탐정문학계의 영향을 무시할 수
없을 듯하다. 그러나 단지 그렇게 만은 결정내릴 수 없는 다양한 요인
들이 내용을 통해 감지된다.

아들과 아들 친구를 데리고 곡마단 구경을 갔던 조선의 발명가 강영
제 박사가 귀가 도중 백가면에게 납치당한다. 백가면은, 작품 내의 표
현을 빌리자면, '뉴욕과 런던에서도 잡히지 않'는 그야말로 전 세계를

---

34) 「가상범인」은 「探偵小說家の殺人」의 개작이라고 할 정도로 번역의 과정에서 전체적 줄
     거리에 영향을 끼치지 않는 수준에서 다양한 수정이 가해지고 있다.

중심으로 활약하는 도둑으로 누구도 그의 실체는 물론 얼굴조차 본 적이 없는 의문의 존재. 이에 강영제 박사의 아들 수길과 수길의 친구 대준은 조선의 유명한 탐정 유불란에게 도움을 요청하게 되고 사태의 심각성을 감지한 유불란이 사건에 뛰어 들면서 작품은 본격적으로 전개된다. 이 과정에서 연락책으로서 비둘기의 이용, 시약을 이용하지 않으면 읽을 수 없는 비밀수첩, 변장을 활용한 속임수 등 서구 탐정물들에서나 찾아 볼 수 있는 다양한 트릭과 기법들이 빈번하게 등장하여 독자의 흥미를 배가시키기도 한다. 특히 해골형태의 백색 가면과 백색 망토를 착용하고는 백마를 타고 경성 시내를 질주하는 그로테스크하고도 몽환적인 백가면의 모습은 그 자체만으로도 엄청난 대중적 흡입력을 지니고 있다.

조선 최고의 탐정 유불란과 세계적 도적 백가면 간의 지략대결, 절대절명의 위험 속에서도 굴하지 않는 소년들의 용기와 눈물겨운 우애. 이와 같은 내용 전개 과정에서 본다면 「백가면」은 일견 탐정소설이라는 대중적 문학양식을 통해 민족의식을 환기시키고자 했던 방정환의 태도를 상당부분 수용한 것처럼 보이기도 한다. 납치된 아버지를 구출하기 위해 생명의 위협까지도 불사하는 효심 깊은 수길의 모습은 분명 방정환이 의도한 '한줄기 눈물나게 따뜻한 인정'의 세계 묘사와 상당부분 합치되고 있는 것이다. 그러나 외연의 놀라운 유사함 속에서 「백가면」은 방정환의 일련의 탐정소설이 지향했던 것과는 이질적인 방향으로 나간다. 이를 위해 『소년』지에 발표된 박태원의 탐정소설 「소년탐정단」을 잠시 살펴볼 필요가 있다.

「소년탐정단」은 「백가면」에 이어 1938년 6월부터 동년 12월에 걸쳐

연재된 작품이다.35) 결말부가 실린 것으로 예상되는 1938년 12월호의
소재를 확인할 수 없기 때문에 전체적인 내용을 단정하기 어렵기는 하
지만 대략적 내용을 간추려보면 다음과 같다. 장난꾸러기 소년 준룡은
우연찮은 기회에 마을을 배회하는 수상한 인물에 대해 주목하게 되고
이 인물이 마을을 공포에 떨게 한 도적의 무리 중 하나라고 판단, 친구
들을 규합하여 이들 무리를 일망타진 한다. 모험을 두려워하지 않는 소
년들의 용기, 불의에 맞서는 의협심 등 일반적 '소년모험소설'의 외형
을 지닌 이 작품을 특별히 주목하게 되는 것은 중일전쟁의 발발을 기점
으로 전시총동원체제로 나아가던 당대 시대적 정황에의 은밀한 호응이
감지되기 때문이다. 이방인의 수상한 행동에 대해서 주목하고, 그들의
실체를 밝혀내는 소년탐정단의 일련의 행위는 분명, 당시 중일전쟁을 기
점으로 본격적으로 전파되었던 "그대겨테 스파이가 있다"36)는 식의 엄격
한 대국민적 '방첩사상'의 제 의미와 긴밀하게 연결되고 있는 것이다.37)

   탐정소설이라는 대중적 문학 양식의 활용을 통한 방첩사상의 전파

---

35) 1938년 12월호의 경우 박태원의 「소년탐정단」은 1938년 6월부터 동년 12월까지 『소년』
   에 연재된다. 박태원에 이에 앞서 이미 『소년중앙』 1935년 2월부터 1935년 6월에 걸쳐
   소년탐정소설이라는 제명 아래 「특진반」을 연재한 바 있다.
36) 「그대의 겨테스파이가 잇다」는 1940년 『여성』지에 보병중좌 藤田實彦가 비밀전에 대한
   대비 자세 즉, 방첩 사상 강화를 위해 작성한 논설이다. 만주사변발발, 만주국 건설을
   거쳐 중일전쟁에 이르는 동안, 정확히 말해서 1935년을 기점으로 급격하게 모습을 드
   러낸 스파이 담론, 즉 방첩의식의 강화는 1937년 중일전쟁의 발발과 더불어 본격적으
   로 사회에 전파된다. 『매일신보』는 물론 『춘추』, 『여성』 등의 잡지를 중심으로 빈번하
   게 발견되는 방첩관련 기사라든가, 방첩주간의 설정, 애국반의 형성 등에서 이와 같은
   시대적 분위기를 읽을 수 있다.
37) 1943년 12월 조선출판사에서 발행된 『방송소설명작선』에는 박태원의 「꼬마애국반」이
   실려있다. 이 작품은 전시체제 아래 어린이 애국반의 활동을 그린 작품으로 일종의 '방
   첩소설' 소설로서 분류할 수 있을 것이다. 이 점에서 본다면 수상한 인물의 추적활동을
   다룬 「소년탐정단」의 소년들은 일종의 어린이애국반을 상징한 것이었다고 봐도 무방할
   것이다.

및 교육. 박태원의 「소년탐정단」에서 발견되는 탐정소설과 방첩소설 간의 이와 같은 혼용의 상황은 「백가면」을 구성하는 기본적 동인이 되고 있다. 세계적 도둑 백가면, 조선 최고의 명탐정 유불란, 총독부 경무국 소속의 임경부, 이들이 사활을 건 대결을 벌이게 되는 결정적 요인은 강영제 박사의 비밀수첩, 정확하게 말하자면 비밀수첩에 기록되어 있는 놀라운 신무기 제조법을 확보하기 위해서이다. 이 대결에 중국인, 영국인 러시아인으로 구성된 잔혹한 적성국 스파이 조직이 가세하면서 「백가면」은 그야말로 '방첩소설'의 성향을 뚜렷하게 드러내게 된다.38) 적과 우리 간의 명확한 경계 설정을 통해 '우리'의 통합이 절실하게 요구되고 있는 것이다. 이 점에서 적성국 스파이들의 침입에 대비하여 의식의 각성, 즉 방첩사상의 강화를 촉구하는 다음의 구절은 주목할 만하다.

경성시민에게 고함

지금 전세계는 아세아의 일각을 흘겨보며 공포에 떨고 있는 사실을 시민제군은 아느냐 모르느냐 그들은 생명과 그들의 재산과 …(중략)…

시민제군이여! 이 비상시국에 처하는 제군은 벼개를 높이고 코를 골면서 안락의 꿈에 도취할 때가 아니라 우리의 적은 단지 한사람의 백가면만이 아니라, 지금 호시를 부릅뜨고 강박사의 발명을 방해하려는 그리고 기회만 있으면 긔계에 관한 비밀서류를 빼앗고저하는 야수와도 같은 전세계의 눈동자다.

시민제군이여! 제군은 두 눈을 크게 뜨고 서울 장안을 살펴보라 장안은 지금 각국에서 파견된 스파이들로 말미암아 일대 수라장을 이루고

---

38) 김내성은 1943년 7월부터 1944년 4월에 걸쳐 방첩소설 「매국노」를 『신시대』에 발표한다. 제국의 군사기밀을 탐지하려는 적성국 스파이들과 이를 저지하려는 조선의 탐정 유불란간의 대결을 그린 이 작품은 여러 가지 면에서 「백가면」과 흡사하다.

있다. 그들은 서로서로 백가면으로부터 비밀수첩을 빼앗어다가 자긔네
가 세계의 제왕이 되려고 쌈싸우고 있는 것이다.

시민제군이여! 우리는 손과손을 마조잡고 힘과힘을 합하야 어떠한일
이 있다할지라도 강박사를 구해내며 비밀수첩을 빼앗지 않으면 안될 것
이다.[39]

일만 오천 명에 달하는 중국 봉천의 조선인들을 규합, 이 힘을 일제
에 대항하기 위한 민족적 단결력으로 전환시켜가고자 했던 「칠칠단의
비밀」과 달리 「백가면」에서 이 단결력은 제국을 수호하기 위한 힘으로
변환되고 있다. 그리고 그 과정에서 개개의 조선인은 제국의 국민으로
포섭되어 간다. 이것은 곧 「백가면」의 게재지였던 『소년』의 지향점을
드러내는 것인 것임과 동시에, '본격탐정소설'을 추구하던 김내성이 갑
작스레 '소년탐정모험소설'이라는 새로운 유형의 탐정물을 창작하게 된
이유이기도 하다. 그러나 실질적으로 여기서 주목하고 싶은 것은 「백가
면」 혹은 『소년』의 제국주의에의 적극적 편승의 측면보다는 식민지 탐
정소설의 존재양상에 관해서이다. 탐정소설보다는 일련의 모험소설에
가까웠던 방정환의 「칠칠단의 비밀」과 비교할 때 분명 탐정소설에 가
까워 있기는 하지만 「백가면」 역시 탐정소설로서 규정하기에는 석연치
않은, 근본적 결함을 노출시키고 있기 때문이다.

제국의 수도도 아닌, 식민지 조선의 수도 경성이 적성국 스파이들의
거점이 되게 된 것은 발명가 강영제 박사가 개발한 신무기 설계도 때문
이다. 그러나 작품을 통하여 볼 때 의외로 그 '발명품'이란 것 자체가
모든 쇠붙이를 끌어당기는 거대한 자석으로 이루어져 있다는 식의 소

---

39) 김내성, 「백가면」 8회, 『소년』, 1938. 1, 83쪽.

학교 학생 수준의 유아적 발상으로 가득 차 있을 뿐 정체가 모호하다. 이와 같은 한계가 '소년탐정모험소설'의 한계, 즉 어린이를 독자대상으로 하고 있음에서 비롯되었던 것만은 아니었던 듯하다. 1930년대 조선의 과학 발달 정도에 대한 당대 과학인 김용관의 언급은 이 점에서 주목할 만하다. 김용관은, 조선은 "발명이란 것이 別로 업고 이에 대한 연구가 전혀업섯든 관계로 우리 조선 사람에게는 발명이란 관념이 극히 희박한 것이"[40]라면서 '발견과 발명을 왕왕 혼동하'는 등 발명에 대한 정의조차 확정되어 있지 않은 조선의 상황에서 발명다운 발명을 기대할 수 없다고 자조적으로 단정내리고 있다.[41]

'과학'을 '사회문화의 순화와 향상'을 위한 계몽의 한 방안으로서 규정, 그 개념의 대중화를 위해 '발명'이라는 용어를 급작스레 채택, 대사회적으로 전파시켜가고 있었던 전근대적 조선의 분위기를 고려한다면 과학의 발달, 논리적 추론과정 등에 기반 한 '탐정소설'의 조선에서의 성립 가능성이란 아직은 시기상조의 일이었다고 밖에는 할 수 없을 것이다. 그런 점에서 볼 때 탐정소설이라고 할 수도, 그렇다고 모험소설이라고 할 수도 없는 「백가면」의 기묘한 상황은 이와 같은 작품과 현실 간의 간극, 엄밀히 말해서 전근대적 조선의 상황과 근대적 탐정문학 간의 간극이 낳은 당연한 결과였다고 할 수 있다. '탐정소설'을 내걸고서도 모험소설을 벗어나기 힘들었던 방정환의 「칠칠단의 비밀」의 결함의 원인 역시 여기서 한 근거를 찾을 수 있을 것이다.

---

40) 김용관, 『실생활』, 1934. 8, 44쪽.
41) 1933년까지 발명구성에 필요한 이화학적 실험실이 전무했음은 물론, 경성제대에 이공학부가 설치된 것이 겨우 1938년이었음을 고려한다면 조선에서 과학의 수용 정도에 대한 김용관의 이 비관적 태도는 정확하다고 할 수 있다.

## 4. 식민지 탐정문학의 한계

그러나 「칠칠단의 비밀」과 「백가면」, 이들 두 작품에서 발견되는 탐정소설로서의 미숙성, 불안정성이 전근대적 조선과 근대적 탐정문학, 이 양자 간의 간극에서 비롯되었던 것만은 아니었다. 거기에는 식민지와 제국 간의 정치적 역학이라는 보다 본질적 부분이 중요한 요인으로 자리하고 있었다. 이 점에서 「칠칠단의 비밀」의 결말 부분, 중국경찰에 의한 칠칠단의 체포라는 다소 의외라고 할 수 있는 결말이 시사하는 바가 크다. 제국 일본의 경찰에 의한 해결도 아니고, 그렇다고 봉천 조선인 단체에 의한 응징도 아닌, 중국 경찰에 의존해서 인신매매, 납치, 아편 밀매 등의 범죄사건이 해결되고 있는 것이다. 이와 같은 결말의 원인을 단지 시대적 한계에서 찾을 수만은 없을 듯하다.

근대적 사법제도의 충실한 준수를 통해 합리적 사회 운영을 기도 했던 근대적 세계의 문학으로서의 탐정소설의 제 특징이 이 기묘한 결말의 기저에는 있었던 것이다. 그런 점에서 본다면 중국 경찰에 문제의 해결을 위탁한 결말부는 민족주의자 방정환으로서는 당연한 선택이었다고 할 수 있다. 그것은 범인들의 응징을 봉천의 조선인 단체에 맡기는 순간 근대적 법제도에 대한 명백한 부정으로 연결되어 버리고, 그렇다고 일제의 사법제도에 맡기게 되면 일제 통치에의 용인이 되어 버리는 거대한 딜레마 속에서 방정환이 고안해낸 나름의 방안이었던 것이다. 그렇다면 나름 탐정소설의 제 형식을 치밀하게 구비하면서 시작에서부터 방첩소설을 표방했던 「백가면」의 작가 김내성은 오히려 방정환이 겪었던 이 딜레마에서 자유로울 수 있었던 것일까. 「백가면」의 탐정

유불란과 관련된 사소한 에피소드는 이 점에서 주목할 만하다.

작품에서 그려지고 있는 유불란은 총독부 경무국 소속의 경찰들과 긴밀한 공조 속에서 범죄 사건을 해결하는 등 경찰의 방계 조직으로서의 탐정이라는 본연의 이미지를 정확하게 구사하는 인물이다. 그러나 조금만 더 세밀하게 살펴본다면 그는 '동경 경시청'의 스카웃 제의를 거절하는가 하면 인본주의적 태도를 보임에 의해서 잔혹한 형태로 인명살상을 행하는 경무국 소속 임경부와 차별화되는 인물로서 묘사 되고 있다. 그러나 이와 같은 김내성의 노력에도 불구하고 절대로 부정할 수 없는 하나의 사항은 조선의 탐정 유불란은 어쩔 수 없이 제국의 사법제도의 방계 조직으로서 존재한다는 점이다. 이것이야말로 식민지 탐정소설 작가 김내성이 처한 극복할 수 없는 딜레마였다.

# 식민지 조선과 탐정문학

## 1. 대중문학으로서의 탐정문학

한국문학 연구사에서 탐정문학은 주목받지 못한 장르 중의 하나이다. 1920년대 첫 창작 작품이 나온 이래, 1920년대 말에서 1930년대에 이르는 시기 우리 문단에서 탐정문학은 강력한 대중적 흡입력을 지닌 하나의 장르로서 등장한다. 김내성의 장편 탐정소설 「마인」이 『조선일보』에 연재되면서 대중적 인기를 끌었는가 하면, 김유정을 비롯한 많은 작가들이 탐정문학 번역에 동참할 정도였다. 탐정문학의 이와 같은 대중적 흡입력을 고려한다면 탐정문학에 퍼부어진 연구의 미흡함은 의외라고 하지 않을 수 없다.[1] 이 상황이 단지 탐정문학 연구부분에서만 발생

---

1) 한국추리문학 혹은 탐정문학에 대한 연구는 모두 김내성 탐정소설, 특히 「마인」에 한정되어 진행된 것이 대부분이며 이 역시 몇 편 되지 않는 형편이다. 일단 김내성에 대한 연구 논문을 찾아보면 「추리소설 형성기의 실상과 김내성의 『魔人』」(김창식, 『추리소설

되었던 것은 아니다. 김말봉의 「찔레꽃」을 비롯, 함대훈의 「순정해협」,
박계주의 「순애보」 등 1930년대 대중적 인기를 끌었던 일종의 대중적
연애소설들은 물론, 유머 소설, 야담 등 일련의 대중문학 전반에 걸쳐
서 이 상황은 동일하게 발견된다.

　그러나 근대적 대도시의 성립, 미디어의 발달, 미디어의 독자인 대중
의 등장에 동반되어 등장한 대중문학의 제 속성 및 이들 문학의 대중
장악력을 고려할 때 어떤 면에서는 대중문학이야말로 당대 사회의 제
면모를 가장 정확하게 대변한다고 할 수 있을 것이다. 특히 '과학의 발
달'과 같은 근대적 면모와 긴밀한 연관관계를 맺고 등장한 '탐정문학'
의 경우, 이와 같은 성향이 훨씬 강력하게 나타난다. 그러므로 과연 대
중문학, 그 중에서도 탐정문학이 조선에서 하나의 독립된 장르로서 제
대로 성립될 수 있었던가에 대한 고찰은 대중문학 자체의 문제를 떠나
조선의 근대성을 파악할 수 있는 중요한 척도로서 작용할 수도 있을 것
이다.

## 2. 「혈가사(血袈裟)」와 탐정소설

　우리문학사에서 탐정이라는 용어, 혹은 그 용어에 기반 한 탐정문학
이라는 새로운 문학 장르가 처음 등장한 것은 대략 1918년 무렵이었던
것으로 추정된다.[2] 1918년 코난 도일의 「충복」이 『태서문예신보』[3]에

___

이란 무엇인가』, 대중문학연구회, 국학자료원, 1997), 「탐정소설과 근대성」(조성면, 『민족
　문학사연구』,1998), 「韓國「探偵小說」事始め」(李建志, 『創元推理』, 1994, 夏), 「金來成という
　歪んだ鏡」(李建志, 『現代思想』, 1995. 2.) 등이 있다.
2) 1918년 偵探小說이란 제명 아래 신소설 「쌍옥적」이 발표되지만 이 작품은 '정탐'이라는

'탐정긔담'이라는 제명 아래 게재되면서이다. 이후 1920년 '장편신소설'이란 제명 아래 탐정이 등장한 「혈가사(血袈裟)」[4]가 불교계 잡지『취산보림(鷲山寶林)』에[5] 연재되는 것을 기점으로 창작탐정물이 문학사에 등장하기 시작한다.[6] 그러나 「충복」을 시작으로 다양한 작품들이 지속적으로 발표되었던 번역 탐정물들과 달리, 창작탐정물의 경우 첫 작품인 「혈가사」와 다음 작품인 「겻쇠」(1929) 간에는 거의 십여 년의 기간이 소요되고 있다. 이 십 년의 간극을 어떻게 해석해야하는 것일까. 이를 위해 먼저 「혈가사」에 대해 고찰할 필요가 있을 듯하다.

---

용어를 내걸고 있기는 하지만 특별히 탐정이 등장하는 것도 아니고, 내용의 전개 역시 탐정소설로 분류하기 어렵다.

3) 「충복」은 『태서문예신보』에 1918. 10. 19~11. 16까지에 걸쳐서 연재 발표되고 있다. 번역자는 '海夢生'

4) 「혈가사」의 존재에 대해서는 『혈가사』(김태근, 『태화강』, 처용출판사, 1989)에서 최초로 언급되고 있다. 이후『계간 미스터리』잡지가 국립중앙도서관에 소장된 이 작품을 발굴, 잡지에 부분 게재하고 있다. 그러나『계간 미스터리』에서는 「혈가사」의 발표연도를 단행본이 간행된 1926년으로 제시하고 있으나 필자의 조사에 의하면 「혈가사」는 『취산보림』이라는 불교잡지에 1920년 7월부터 9월에 이르기까지 게재되다가 중단된 것을 작가 박병호가 1926년 완성 단행본으로 간행한 것이다. 그러므로 「혈가사」의 첫 발표연도는 1920년이라고 할 수 있다.

5) 『취산보림』은 1920년 1월 창간 1920년 9월 종간 된 잡지이다. 발간자는 불교청년회로 되어 있으며 간행처는 경남 양산으로 되어 있다. 취산보림이란 잡지명의 '취산(鷲山)'은 경남 양산에서 울산으로 이어지는 영취산의 산명(山名)에서 따온 것으로 대략적으로 경남 양산의 대사찰 통도사를 중심으로 한 불교청년회에서 간행된 잡지였던 것으로 추측된다. 이 잡지는 1920년 10월『조음(潮音)』으로 개명(改名)되어 간행되지만『潮音』역시 창간호가 곧 종간호가 되어 버린다. 3·1운동 직후의 발간이라는 시기적 상황도 상황이지만 잡지의 주된 필진이 박병호를 비롯, 이종천 등 울산, 경남 지역의 민족운동가들이었다는 점을 감안할 때 민족적 성향을 상당히 강하게 띠었음을 물론, 그것이 종간의 원인이 되었던 것으로 추측된다.

6) 1919년 11월『녹성』의 100원 현상고료모집에 당선된 탐정소설 「의문의 死」가 게재되고 있다. 이 작품은 번역이라는 명시 없이 '복면귀(覆面鬼)'를 작가로 제시하고 있다는 점에서 번역인지, 창작인지가 쉽게 판별이 되지를 않는다. 또한 작품의 공간적 배경이 '프랑스'의 '파리'라는 점, 「충복」에 비견될만큼 상당히 탄탄한 구성을 지니고 있다는 점에서 창작물로서 파악하기는 힘들다.

「혈가사」는 삼일운동 직후인 1920년, 울산지역의 민족운동가였던 박병호에 의해 창작된 작품이다. 내용은 남산에서 발생한 장안의 한량이자 세력가 정남작의 살인사건을 중심으로 전개된다. 범인으로 지목된 것은 정남작의 연모의 대상이자 협판 벼슬을 지낸 故 이상하 대감의 무남독녀인 여학생 이숙자. 이숙자의 연인인 법률 연구생 권중식이 탐정을 고용, 연인의 무죄를 증명하기 위해 노력하고, 마침내 이십여 년 간 숨겨진 가족사가 밝혀져 이숙자는 혐의를 벗게 된다. 우연의 지나친 중첩, 문어체적 표현, 평면적 인물묘사 등 「혈가사」는 문체에서부터 내용에 이르기까지 신소설의 일반적 특징을 그대로 답습하고 있다. '탐정'이라고 이름 붙이기 힘든, 그야말로 형식뿐인 탐정이 갑작스레 등장하여 문제를 해결한다는 것, 그 한 가지 요소만 제외하면 이 작품을 '탐정문학'이라고 호명할 수 있는 요건을 찾기란 어렵다. 뿐만 아니라 작가 박병호 역시 울산의 민족운동가, 교육가로서 활동은 했으되 「혈가사」가 첫 작품이자 마지막 작품으로 탐정문학 창작 경력은 물론 작가로서의 이력 역시 전무한 인물이었다. 그렇다면 장편탐정소설을 겨냥, 등장한 「혈가사」의 존재를 어떻게 이해해야하는 것일까. 「혈가사」의 발표시기 및 관련상황, 민족운동가로서의 박병호의 이력은 이에 대한 하나의 답이 될 수 있을 것이다.

「혈가사」는 1920년 7월 『취산보림』에 첫 게재, 잡지가 종간된 1920년 9월까지 삼회에 걸쳐 호관(豪觀)이라는 작가명으로 연재된다.[7] 이후

---

7) 『취산보림』은 양산통도사 불교지부에서 간행했던 잡지로서 1920년 1월 창간되어 1920년 9월까지 간행된 잡지이다. 잡지명은 양산과 울산에 걸쳐있었던 영취산의 지명을 따서 붙였던 듯하다. 「혈가사」는 이 잡지의 4호(1920. 7), 5호(1920. 8), 6호(1920. 9), 3회에 걸쳐서 연재되고 있다.

잡지가 『조음(潮音)』8)으로 개제(改題)되면서 다시 연재되기 시작하나, 이 잡지의 경우 창간호가 곧 종간호가 됨에 따라 「혈가사」 역시 1회 게재 후 연재 중단된다. 육 년 후인 1926년 이 작품은 마침내 장편소설로 완성, 박병호라는 실명으로 울산인쇄소에서 난행본으로 출간되지만 일경(日警)에 의해서 배부 금지, 사장되고 만다. 「혈가사」에 대한 일경의 배부금지령에 대해서 「혈가사」를 처음 발굴한 계간 미스터리 잡지에서는 "소설 속에서 악인들로 등장하는 사람들이 대부분 귀족의 작위"를 갖고 있는 등 "반일 감정을 노골적으로 드러내고 있"9)음을 이유로 들고 있다. 그러나 실제로 작품 내용을 살펴보면 '소설 속의 악인들의 대부분'이 귀족의 작위를 가지고 있지도 '노골적 반일감정'이 드러나고 있지도 않다. 일제로부터 작위를 받은 인물이 두 명, 정남작과 김백작이 등장하고 있기는 하지만 부정적 인물로 그려지고 있는 정남작에 비해 나머지 한 인물인 김백작은 사려 깊고 온화한 이미지의 소유자로서 그려지고 있다. 그런 점에서 배포금지의 원인을 작품 자체의 '노골적 반일적 성향'에서만 찾기보다는 작품의 반일적 성향과 더불어 작가 박병호의 성향 및 작품 창작 배경 등 작품을 둘러싼 다양한 요인들을 함께 고려하는 것이 옳을 듯하다.

먼저, 작가 박병호에 대해서 살펴보면 박병호는 울산청년회를 창립(1920)하고 울산 지역 최고 학부 중 하나였던 해영학원의 학감 및, 조선

---

8) 불교청년회를 발간자로 내세웠던 『취산보림』과 달리 『조음』은 조선불교청년회통도사지부가 발간자로 되어 있다. 목차에 들어가서 보면, 박병호를 비롯, 이종천 등 『취산보림』에 관여했던 일련의 울산지역 민족선각자들이 필진으로 있으며, 「혈가사」가 『취산보림』에 3회 연재중단되었던 내용에 이어 연재되고 있다. 이 점에서 이 잡지는 『취산보림』이 일제의 검열 등 여러 가지 문제로 인해 잡지 명만 바꾸어서 간행된 잡지로 고려된다.

9) 이수광, 「'혈가사'의 발굴과 저자 박병호」, 『계간 미스터리』, 2002, 가을호, 25면.

청년연합회(1923) 및 민립대학 설립 발기인(1925)으로 참여했으며, 동아
일보 언양 지국장을 역임한다. 뿐만 아니라 박병호는 울산 인근 경남지
역을 순회하며 「농촌발전과 경제적 자각」이라든가 「농촌경제와 협동생
활」이라는 주제로 순회강연을 했던 것으로 확인된다. 말하자면 박병호
는, 식민지 조선의 민족 선각자들의 일반적 행보이기는 했지만, 농촌
계몽, 민중계몽을 통해 민족의 독립을 모색했던 인물이었던 것이다. 이
와 같은 박병호의 행보를 고려할 때 그가 왜 문학작품을 창작했는가가
다소 이해가 되기도 한다. 박병호의 경우 '계몽'의 연장선상에 문학이,
혹은 '계몽'을 위한 최적의 방편으로서 문학이 존재하고 있었다고 할
수 있다.

그러나 박병호가 1920년 계몽의 방안으로서 「혈가사」를 창작하면서
왜 하필이면 '탐정'의 본격적 등장을 통해서 탐정소설의 기법을 적용하
려고 했었던가하는 점은 여전히 의문으로 남아 있다. 1920년의 조선에
서, 그것도 중앙에서 상당히 떨어져 있던 울산을 비롯한 경남 일대의
지방에서 '탐정소설'이란 용어가 과연 대중적 흡입력을 지닐 수 있었을
까하는 점에 대해 다소 회의가 들기 때문이다. 「혈가사」 단행본 간행
시점인 1926년의 경우 코난 도일을 비롯, 모리스 르블랑 등의 탐정문학
이 다수 번역되어 '탐정소설'이라는 용어가 어느 정도 대중들에게 유포
되어 있었다고 하겠지만 1920년이라는 시점[10]에서 '탐정소설'이란 용
어는 아직은 지나치게 생소하고도 전위적이었기 때문이다. 그런 점에서

---

10) 번역탐정소설인 「검은 그림자」가 1920년 『학생계』에 게재되기는 하지만 이 작품의 발
　　표연도는 「혈가사」 1회 게재시기인 1920년 6월보다 한달 늦은 7월이다. 그러므로 박병
　　호의 「혈가사」 이전 발표된 작품은 『태서문예신보』에 게재된 번역탐정물 「충복」과 『녹
　　성』에 게재된 탐정소설 「의문의 死」(1919. 11) 두 작품이라고 할 수 있다.

작가 박병호가 단지 '민중계몽'을 위해서 「혈가사」의 창작양식으로서 '탐정문학'이라는 대중적 문학양식을 택했다고는 쉽게 단정을 내리기가 어렵다. 특히 번역탐정물 한 편과 번역인지 창작인지 판별이 불가능한 탐정소설 한 편, 두 편의 탐정소설 밖에 발표되어 있지 않았던 조선의 상황에서 울산 지역 민족운동가였던 박병호가 어떠한 경로를 통해서 탐정소설의 창작에까지 이르게 되었는가 하는 점 역시 상당한 의문이라고 하지 않을 수 없다.

1918년 '탐정긔담' 「충복」의 번역을 시작으로 1919년 『녹성』의 백원현상원고모집에 '탐정소설' 「의문의 死」[11])가 당선되어 게재되고 1920년 11월 『학생계』에 '탐정소설' 「검은그림자」가 번역, 게재되고 있다. 말하자면 「혈가사」가 등장한 1920년은 '탐정문학'이라는 장르가 대중적으로 유포되고 있지는 않았다고 하더라도 흥미롭고도 새로운 문학 장르로서 '탐정문학'이 태동되기 시작한 시점이었던 것이다. 특히 백원이라는 거금을 내건 현상모집 당선작이 다름 아닌 탐정소설이었다는 점은 '탐정소설'에 대한 일반의 관심을 환기시키기에 충분했었다고도 할 수 있다. 청년회를 발기시키고, 신교육 실현에 열성적이었던 박병호가 조선 문화계의 그와 같은 분위기를 감지하지 못했을 가능성은 없다. 인적이 끊긴 새벽녘, 순찰을 도는 순사와 정적이 감도는 거리, 의문의

---

11) 「의문의 死」가 게재된 『녹성』 잡지는 1919년 창간된 '영화잡지'이다. 현재 이 잡지는 창간호만 남아 있다. 그러므로 잡지 자체가 창간과 더불어 종간되었는지 어떤지 알 수가 없다. 더불어 「의문의 死」의 경우 역시 1회만 남아 있다. 「의문의 死」는 '백원현상고료' 당선 작품으로 게재되고 있으나 이 작품이 창작이었다고 단정하기는 힘들 듯하다. 일단 작품의 배경이 조선이 아닌 '프랑스의 파리'이며, 작품의 구성 및 묘사 역시 최초의 탐정번역물인 「충복」에 비견될 정도로 세밀하고 치밀하다. 이에 근거, 이 작품은 기존 탐정소설의 번역, 혹은 번안, 개작이었을 것으로 추정된다.

행인 등 살인사건이 발생되는 시공간적 배경에 대한 「혈가사」와 「의문의 死」 간의 미세한 유사점을 쉽게 간과할 수 없는 것은 그 때문이다.

이처럼 박병호가 첫 작품에 '탐정문학'이라는 새로운 장르를 선택했음에는 당시 태동되기 시작했던 탐정문학에 대한 호기심, 민중계몽문학으로서 '탐정소설'의 가능성에 대한 자각 등이 혼합되어 있었다고 할 수 있다. 이와 더불어 3·1운동 직후라는 시간적 배경과 경남, 울산지역의 민족운동가로 활동했던 박병호의 이력, 민족적 성격을 강력하게 지녔던 『취산보림』의 성향 간의 연관관계 역시 무시할 수 하나의 요인이 되고 있다. 적어도 작품 자체에 내재된 반일적 의식의 포장을 위해서, 그리고 삼일운동 직후 삼엄해진 정치적 상황 속에서 민족운동가로서의 자신 및 민족지 『취산보림』에 대한 일제의 부정적 시선을 완화시키기 위해서 '탐정소설'과 같은 가벼운 장르가 필요했을 것이기 때문이다. 범죄의 발생과 해결만 있을 뿐, '탐정문학'의 핵심이라고 할 수 있는 논리적 추론의 과정이 생략된, 그야말로 탐정소설로서의 요건을 상실한 기묘한 탐정소설 「혈가사」의 전개과정. 「혈가사」 발표 이전은 물론 이후에도 탐정문학은 물론, 작품 창작의 흔적을 찾기 힘든 박병호의 작가로서의 경력. 이와 같은 요소들은 이에 대한 하나의 근거로서 제시될 수 있을 것이다.

특히 외형은 근대적 문학양식인 탐정소설을 내걸고 있으면서도 내용은 종래 신소설의 전근대적 특성을 그대로 답습하고 있는 「혈가사」의 한계는 과연 이 작품을 '탐정소설'로서 명명할 수 있을 것인가에 대해서 많은 의문을 느끼게 한다. 굳이 작품의 한계를 내세우지 않더라도 과학의 미발달은 물론 근대적 도시의 형성도 채 갖추어지지 않았던

1920년의 조선의 상황을 고려할 때 '탐정소설'의 본격적 등장을 기대하기란 무리였다고 할 수 있다. 「혈가사」에서 「겻쇠」에 이르는 십여 년의 간극은 어떻게 보면 '탐정문학'이 성립되기 위한 조선사회의 근대적 성숙기간이었다고 할 수 있을 것이다. 물론 이것이 곧 1930년대 우리의 탐정문학이 '탐정문학'으로서의 요건을 제대로 지니고 있었음을 의미하는 것은 아니다. 그러면 이를 위해 1930년대 조선의 탐정문학에 대해 살펴보도록 하겠다.

## 3. 전근대적 '괴기'와 근대적 '그로', 그리고 탐정문학

「혈가사」를 일단 권외로 두고 본다면 1929년 『신민』에 발표된 「겻쇠」가 최초의 창작탐정소설로서 제시될 수 있을 것이다.[12] 「겻쇠」가 발표된 1929년부터 "조선의 탐정소설을 개척한"[13] 것으로 평가되는 김내성의 일련의 탐정소설이 등장하는 1936년에 이르기까지, 최독견의 「사형수」를 비롯, 최유범의 「질투하는 악마」, 채만식의 「염마」 등 다수의

---

12) 이건지는 1923년 발표된 박준표의 「비행의 미인」을 우리문학 최초의 탐정소설로 언급하고 있다(李建志, 「金來成という歪んだ鏡」, 『現代思想』, 1995. 2). 그러나 「비행의 미인」의 경우 이건지가 언급하듯 한흥서림에서 간행된 것이 아니라 영창서관에서 간행된 작품이며 『한국세계문학문헌서지목록총람』에 의하면 번역작품으로 기록되어 있다. 이 시기 대중적 인기를 끈 영화 「기자쿠라」를 작품으로 옮긴 탐정활극 「明金」을 비롯 번역탐정물이 상당수 발표되고 있었다는 점을 감안한다면, 이 작품 역시 번역물이었을 것으로 추측된다. 특히 이 작품의 내용에 서양 해적이 등장한다거나 서양을 중심으로 전개되고 있다는 점을 감안할 때 순수 창작은 아니었음이 분명하다.
13) 이건지는 "김내성이 등장하기까지는 조선에는 탐정소설은 없었다고 해도 틀린 말은 아닐 것이다. 그야말로 조선의 탐정소설을 개척한 조선최초의 그리고 유일의" 작가라고 언급하고 있다. 논자들에 따라 김내성에 대한 평가는 상이할 수 있겠으나 필자 역시 이 의견에 동의하는 바이다.

창작탐정소설들이 우리 문단에 발표된다. 작품들을 대략 살펴보면 「겻쇠」, 「혈염봉(血染棒)」,14) 「사형수」15) 등의 중, 단편을 비롯, 장편 연재소설인 채만식의 「염마」16) 등이 있다. 이를 도표로 만들어 살펴보면 다음과 같다.

| 제 목 | 작 가 | 발표지 | 발표 일시 |
|---|---|---|---|
| 겻쇠 | 단정학 | 신민 | 1929. 11-1931. 6. (13회 연재, 未完) |
| 혈염봉 | 최병화 | 학생 | 1930. 5. 7.(2회 연재) |
| 사형수 | 최독견 | 신민 | 1931. 1. 3. 6. (3회 연재未完) |
| 연애와 복수 | 유방 | 별건곤 | 1932. 6. |
| 기차에서 맛난 사람 | 유방 | 별건곤 | 1932. 7. |
| 미모와 날조(捏造) | 최병화 | 별건곤 | 1932. 9. |
| 순아(順娥)참살사건 | 최유범 | 별건곤 | 1933. 2. |
| 질투하는 악마 | 최유범 | 별건곤 | 1933. 2. |
| K박사의 명안(名案) | 최유범 | 별건곤 | 1933. 4. |
| 약혼녀의 악마성 | 최유범 | 별건곤 | 1934. 1-3.(3회 연재) |
| 배암 먹는 살인범 | 양유신 | 월간매신 | 1934. 4. |
| 염마 | 서동산(채만식) | 조선일보 | 1934- 5. 16-11. 5. |

---

14) 『학생』1930년 6월호가 결호여서, 5월, 7월 2회 게재된다. 작가 최병화는 『별건곤』에 야담 및 실화를 게재하고 있다. 이처럼 탐정소설의 작가가 야담, 실화를 병행하는 것은 신경순, 박경호, 최유범, 유방 등 이 시기 탐정소설 작가들에 공통적으로 나타났던 특성이다. 이와 같은 창작의 미분화는 조선 탐정문학의 실재성 고찰에 대한 중요한 고려 사항이 된다.

15) 발표 당시 '事實探偵小說'이라는 제명을 내걸고 있다. 탐정소설, 사실탐정소설, 탐정기괴 등 이 시기 탐정소설에 붙여진 다양한 제명들은 1930년대 조선에서 탐정문학이 상당히 혼란된 상태로 수용되고 있음을 의미한다.

16) 「염마」는 1934년 5월 16일부터 同年 11월 5일까지 徐東山이라는 작자명으로 『조선일보』에 발표되었던 작품이다. 이후 김영민 교수에 의해서 「염마」의 작자 서동산이 채만식과 동일 인물이라는 점과, 이 작품이 지닌 탐정문학으로서의 의미가 새롭게 규명되었다(김영민, 「채만식의 새 작품 「艶魔」論」, 『現代文學』, 1987. 6).

이상 살펴보았듯이 『신민』과 『학생』, 『월간매신』, 『조선일보』에 발표된 네 편의 작품을 제외하면 나머지 여덟 편은 모두 『별건곤』에 게재된 작품이다.17) 그러나 주된 대상 독자층만 달랐을 뿐 『학생』 역시 『별건곤』과 더불어 개벽사에서 발간된 잡지였다는 점을 감안한다면 탐정문학 성립기 발표된 열두 편의 작품 중 무려 여덟 편의 작품이 '개벽사' 계열의 잡지에서 발표되고 있다. 개벽사가 '탐정문학'에 기울인 노력은 단지 창작탐정소설에 한정되었던 것만은 아니다. 『학생』에서는 「지하실의 비밀」(복면아 역, 1930. 9) 등 번역 탐정소설들이 게재되고 있었고, 『별건곤』 역시 「누구의 죄」(북극성 역, 1926. 12)를 시작으로 수 편의 번역 탐정소설들이 게재되고 있다.18) 특히 『별건곤』의 경우 1933년 3월부터 탐정소설 및 괴기 실화를 중심으로 한 「특집독물」이라는 항을 별도로 마련할 만큼 탐정물에 열의를 보이고 있다.

그러나 1930년대 초 조선문학에서 발견되는 이와 같은 탐정문학 열풍이 과연 탐정문학 자체에 대한 이해 및 문학적 성과로까지 연결되고 있었던가에 대해서는 쉽게 답하기가 어렵다. 이 점에서 조선 탐정소설 성립의 중심에 있었던 잡지 『별건곤』에서 발견되는 다양한 '괴기물' 즉 그로테스크한 사건 기록물들의 등장은 주목할 만하다. 1929년 말부터 『별건곤』에는 '기괴'한 사건 기사 및 살인사건 기사와 더불어 '괴담',

---

17) 이들 작품들은 신경순의 「피무든 수첩」 한 작품을 제외하고는 '탐정기괴'이건 '탐정소설'이건 '탐정'이라는 용어가 명확히 기재된 작품을 선정한 것이다. '괴기실화', '야담' 등이라는 제명 하에 발표되었으나 탐정소설의 분위기를 풍기는 작품들은 일단 제외했다.
18) 「인육속에 뭇친 야광주」(번역자 기재되어 있지 않음, 1930. 9), 「흉가의 비밀」(번역자 기재되어 있지 않음, 1931. 1), 「무죄한 사형수」(유방 역, 1932. 11), 「호저의 비밀」(윤성학 역, 1933. 5~10), 「늙은 살인마」(최병화 역, 1933. 6), 「못생긴 악한」(최유범 역, 1933. 6) 등이 있다.

'괴기실화', 혹은 '범죄 실화', '야담'과 같은 독특한 장르의 글들이 등 장한다. 이들의 범위라는 것은 상당히 포괄적이어서 조선의 괴담, 사건실 화는 물론 남북 전쟁기 미국의 '범죄 실화'를 다룬 「가방 속의 死美人」[19] 이라거나 1800년대 불란서의 '살인괴담'을 다룬 「늙은 살인마」[20]처럼 서양의 것까지도 포함하고 있었다. 「大京城 에로・그로・테로・추(醜)로 總出」, 「에로・그로 百%」[21]처럼 '에로 그로'를 강조한 기사들에 굳이 의지하지 않더라도 『별건곤』 자체가 독자를 자극할만한 엽기적이고도 괴기스러운 세계의 표현에 어느 정도 총력을 기울이고 있었는지 이로 부터 충분히 감지가 된다. 그러므로 1930년 초 『별건곤』 잡지에서 발 견되는 '탐정소설'의 빈번한 게재란 바로 이 태도의 연장선상에서 이해 할 수 있다. 피와 참혹한 시체, 살인을 일으키는 인간의 어두운 내면, 이러한 것들로 이루어진 '탐정소설'의 세계야말로 독자의 시선을 끌만 한 최고의 '그로테스크'한 존재였던 것이다. 『조선일보』에 게재된 「염 마」 연재예고기사는 이에 대한 하나의 근거가 된다.

> 다음으로 실릴 소설은 徐東山을 펜네임으로 한 모 중견 작가의 역작 으로 된 탐정소설 艶魔입니다. 창작 탐정소설의 연재는 조선 신문계에 서 드물게 보는 계획으로 지금까지는 번역품 같은 종류의 연재가 혹 있 었으나 실력 있는 작가의 창작품은 좀처럼 보지 못하였습니다. 탐정소 설의 엽기 그대로 작자의 씨명은 발표치 않습니다마는 특별히 이 방면 에 조예가 출중한 작가로 근래에 못볼 역작품이올시다.[22]

---

19) 蘇天浩, 「가방 속의 死美人」, 『별건곤』, 1931. 8.
20) 최병화, 「늙은 살인마」, 『별건곤』, 1933. 6.
21) 두 기사 모두 『별건곤』 1931년 8월호에 게재되어 있다. 이 시기를 전후하여 『별건곤』 잡지에는 '에로, 그로, 넌센스'라는 용어가 빈번하게 등장하기 시작한다.
22) 『조선일보』, 1934, 5, 13(『채만식전집』 1, 창작과 비평사, 1987, 300면에서 재인용).

독자의 흥미를 끌기 위한 '그로'의 표현에 1930년대 잡지들이 지나치게 집착했던 탓일까. 『별건곤』에 게재된 일련의 탐정소설들을 비롯, 1930년대 조선의 창작탐정소설들에서는 탐정소설과 '기담', '괴기실화', '야담' 간의 경계를 찾기란 어렵다. 예를 들자면 경관, 법의학자, 검사가 등장하고 망막 확대 투사경, 사체 부검과 같은 근대 과학, 의학적 기술들이 이 시기 탐정소설들에 빈번하게 등장하지만 그것들이 작품내의 상황들과 '논리적'으로 연결되지 못하고 있다. 항상 살인의 발생과 사건의 해결만 있을 뿐, 사건의 발생에서 해결에 이르는 논리적 추론의 과정이 작품에서 누락되고 있는 것이다. 천재적 피아니스트의 살해사건을 테마로 하고 있음에도 독특한 살해 방법에 대한 설명이 첨가될 뿐 '추리'가 부재한 「질투하는 악마」, 이남작 미망인 토막살인 사건이라는 기괴한 사건을 테마로 하고 있음에도 상황의 기괴함만 부각될 뿐 추론의 과정을 찾을 수 없는 「기차에서 민난 사림」 등 『별건곤』 소재 일련의 '탐정소설'이 그 예로서 제시될 수 있다. 그 결과 이들 작품들은 '탐정소설'이라는 제목을 걸고 있음에도 불구하고 '괴기'와 '엽기'만이 부각되어 '사건 실화', '사건기사', '괴담'과의 변별력을 지니기 힘들게 된다.

그러나 1930년대 조선 '탐정문학'의 그로테스크함은 여기서 마감되지를 않는다. 작품의 소재에서 발견되는 의도된 그로테스크함을 넘어 작품 자체가 지니는 의도되지 않은 미묘한 그로테스크함이 이 시기 탐정소설들에서 발견되고 있다. 1930년대 조선을 시공간적 배경으로 하고 있음에도 혼전동거와 같은 급진적 남녀관계가 주위 사람들에 의해서 당연하게 수긍되는 「연애와 복수」, 아프리카 토인들이 사용하는 '크라노테'라는, 1930년대 조선의 과학적 현실에서 판별하기 힘들었던 독

을 살해방법으로 제시하는 「질투하는 악마」 등 이 시기 조선의 탐정문
학들은 끊임없이 현실과의 괴리를 노출시킴으로써 아이러니컬하게도
스스로도 의도하지 않았던 그로테스크한 형상을 띠게 된다. 문학과 괴
담 혹은 야담간의 모호한 경계, 형식과 내용간의 간극, 작품의 현실과
실재 현실간의 괴리. 1930년대 조선의 탐정소설에 내재된 이 문제들은
'모던'이라는 용어가 널리 유포되고 있던 1930년대 조선, 즉 모던 조선
의 실체를 심각하게 반문하게 한다.

"탐정소설이라는 언설이 근대사회의 대중의 불안과 관계하고 있으며
그 언설이 근대적인 대도시의 문화감성을 표현한다"[23]는 견해를 수용
할 때 『별건곤』 소재 탐정문학들은 많은 의미를 내포하고 있다. "범죄
자가 몸을 숨길 수 있는 대도시의 성립, 그들을 쫓는 과학적 경찰 제도
의 확립, 범죄사건을 센세이셔널하게 보도하는 미디어의 발달, 그 미디
어의 독자인 '대중'의 등장"[24] 등 탐정소설 성립에 필요한 사회적 제
요소들의 표면적 구비에도 불구, 이들 탐정소설들은 끊임없이 내용과
형식간의 파탄을 노출시키면서 탐정소설로서의 면모를 상실하고 있기
때문이다. 모던 경성, 모던 조선의 한 징후로서 등장했던 '그로'의 이미
지가 근대성의 한 편린으로 감지되기보다는 신소설에 빈번하게 등장했
던 전근대적 '괴기', '엽기'의 한 변형으로 밖에 느껴지지 않는 것은 이
점에서 주목할만하다.

---

23) 內田隆三, 『探偵小說の社會學』, 岩波書店, 2001(一柳廣孝, 「さまよえるドッペルゲンガ」,
『探偵小說と日本近代』, 앞의 책, 111면에서 재인용).
24) 一柳廣孝, 「さまよえるドッペルゲンガ」, 『探偵小說と日本近代』, 앞의 책, 111~112면.

## 4. 식민지의 탐정(探偵), 그리고 밀정(密偵)

1930년대 조선 탐정소설에서 발견되는 형식과 내용간의 파탄이 단지 조선의 전근대성으로 인해 발생되었던 것만은 아니었던 듯하다. 거기에는 근대적 문학 형식과 전근대적 삶 간의 대응관계를 넘어 제국의 문학과 식민지 삶 간의 간극과 괴리의 문제가 민감한 형태로 존재하고 있었다. 코난 도일의 「셜록 홈즈」시리즈에서 발견되는 특징 중의 하나, 범죄의 온상으로서의 식민지 인도 및 인도인의 등장 및 사건의 해결을 통한 제국의 질서 유지는 서양 탐정문학의 본질적 측면을 반영하는 것이다. 그렇다면 1930년대 조선의 탐정문학이 과연 탐정문학=제국의 문학이라는 이와 같은 일반적 도식에서 자유로울 수 있었던 것일까. 탐정소설 「곁쇠」에서 발견되는 탐정의 이미지는 이에 대한 하나의 답이 될 수도 있을 것이다.

「곁쇠」는 1929년 11월부터 1931년 7월까지 '탐정기괴'라는 제명 아래 『신민』에 연재된 작품이다. 작가는 단정학(丹頂鶴)으로 명시되어 있으며 작품은 원래 장편소설을 계획, 연재되었던 듯하나 잡지 사정상[25] 13회로 연재 중단된다. 조선해방을 꿈꾸는 청년혁명가들이 등장, 만주와 중국 상해를 중심으로 조선의 해방을 위해 노력하는가 하면 혁명단원들의 경찰국의 습격 등 급진적 작품의 내용에서 연재중단의 이유를 어

---

25) 『신민』은 1925년 5월 창간되어 1931년 9월 69호로 폐간된 잡지이다. 잡지는 1931년 9월까지 간행되었으나 1931년 7월 9월호 두 호 모두 잡지와는 전혀 무관하게 각 도에 대한 대략적 자료로 전 페이지를 채우고 있으므로 실질적 잡지의 간행은 1931년 6월호로 마감되었다고 볼 수 있다. 「곁쇠」와 「사형수」두 작품 모두 1931년 6월까지 게재되고 있다. 갑작스러운 종결을 사과하는 '잡지사'의 설명문, 그리고 「사형수」3회 마지막에 '계속'을 기재해두었던 것 등에 근거할 때 『신민』은 갑작스레 폐간된 것으로 추정된다.

렵지 않게 감지할 수 있다. 작품에 그려진 상해의 풍경, 예를 들자면 불란서 조계와 일본 조계의 풍경, 해적과 마적들, 자유를 꿈꾸는 식민지 젊은 혁명가들과 이를 억압하고자 하는 피식민지의 밀정들, 오로지 돈을 쫓는 중국인 상인 등 「겻쇠」는 '모던' 도시 상해의 면모 속에서 식민지 조선의 면모를 절묘하게 그려내고 있다. 이와 같은 「겻쇠」의 다양한 내용들 중에서도 '탐정' 손우건의 면모는 특히 주의를 끈다.

이를 위해 먼저 작품의 대략적 내용을 살펴보면 다음과 같다. 조선의 지방 소도시 H에 소재한 P은행에서 금고에 보관해둔 현금 5천 원이 감쪽같이 사라진 사건이 발생한다. 이후 지배인 대리 P의 처남인 김영석, 아내인 김자경이 차례로 살해된 시체로 발견된다. 사건 해결을 위해서 경성에서 형사 손우건이 급파된다. 손우건은 여러 가지의 추리 및 정탐을 통해서 이 사건에 중국 내 조선의 청년혁명가들로 구성된 혁명단이 연루되어 있음을 파악, 혁명단의 단장 박상범의 체포를 위해 직접 중국 상해로 간다. 그러나 손우건의 계획과 달리, 손우건은 박상범에게 붙들리게 되고 자신이 그간 행했던 반민족적 행위에 대해서 질타 당하는 한편, 금고 도난 사건의 진상에 대해서 듣게 된다. 작품은 이 지점에서 연재중단으로 끝이 난다.

숫자 암호법, 완벽에 가까운 범죄 사건, 의문의 살인, 범죄를 숨기기 위한 트릭의 사용 등 「겻쇠」[26]는 서양탐정소설의 번안, 혹은 모방이 의심될 만큼 탐정문학으로서 치밀한 전개를 보이고 있다. 그렇다고 해서

---

26) 실질적으로 「겻쇠」에 대해서는 여러 가지 측면에서 창작탐정물이 맞는가를 의심하게 된다. 이 작품이 기존 탐정물의 번안작이라고 하더라도 등장인물들을 조선적 상황 속에서 성립시켜가는 과정은 조선 탐정문학의 형성과정 검토에 대한 충분한 자료로서 활용될 수 있다.

이 작품이 대중적 탐정소설을 본격적으로 겨냥하고 창작되었던 것은 아니었던 듯하다. '야담' 혹은 범죄 실화 같은 분위기를 띤 '탐정기괴'라는 미숙한 제명은 일단 제쳐두고라도 작품에 그려진 '탐정' 손우건의 이미지는 「것쇠」에서 왜 '탐정기괴'라는 제명, 엄밀히 말해서 탐정소설이라는 장르가 선택되었는가를 이해할 수 있는 하나의 단서가 된다. 다음은 도난 사건에 투입된 '탐정' 손우건의 이력에 대한 작품 내의 설명이다.

> 바로이때쯤하야 경긔도경찰부특고과에는새로온 형사한명이잇섯스니 그는 손우건이라는 젊은형사엿다. 그런데 손우건은 동경에가서류학을하다가 엇지엇지한관계로 밀뎡(密偵)이되어서 전혀조선인류학생중의 사상분자의되만따르게되엇다. 원래가 눈치빠르고 권모술수가 비상히만어서 류학생들에게가면 창자를모지이을듯이 굴어서 누구나그가밀뎡이리라는 것은손탑만치도 아지못하얏다. 그런관계로 손우건은 나날이 성적이올라갓스며 아모리어려운것이라도 조선인사상에관계되는 것은 무엇이나맛기는대로처리하얏다. 거긔에는 그의자신이눈치빠르고 랄엽한것도사실은 사실이엇스나 그보다도 류학생들틈에 석기어서 속임수를잘부리는 것 그것이 큰도움이되엇섯다. 그러나 속담에곳비가길면밟힌다는 것과가티 그노릇도원악여러해를하고나니까 자연히일반류학생간에 알리여지고 그러케발락이되고보니 일부테로ー분자들은 "해먹을터이면 드러내노코해먹지안코 사람을속여 죄의구렁으로집어너으려한다"고 죽인다고 날뛰는통에 암만하여도 형세가리롭지 못하겟슴으로 경긔도경찰부로왓든 것이다.27)

작품을 통해볼 때 명탐정 손우건은 일본 내 조선인 유학생들의 동향을 살피는 밀정 노릇을 하다가 마침내 경기도 경찰부 형사로 전근해온

27) 단정학, 「것쇠」(六), 『신민』, 1930. 8, 123면.

인물이다. 이와 같은 손우건의 이력은 와세다 대학 졸업 후, 민족운동
을 위해 만주로 건너간 청년 혁명가 이상건, "대중의 행복과 피정복자
**의 동포를 위하여……죽음을 긔약"한 혁명단 단장 박상범 등 작품
내 민족 운동가들의 면모와 맞물리면서 이 작품의 주제가 어디로 향하
고 있는가를 감지케 한다. 말하자면 표면적으로는 '탐정' 손우건 면모,
즉 대중적 탐정소설의 성향을 내세우면서 실질적으로는 오히려 '밀정'
손우건'의 면모 비판에 작품의 초점이 맞추어지고 있었던 것이다. 여기
서 흥미를 끄는 것은 탐정 손우건과 순사 혹은 밀정(密偵) 손우건 간에
일어나는 경계의 소멸이다. 「겻쇠」의 내용을 통해볼 때 '탐정' 손우건
은 언제나 일제의 비밀 형사인 '밀정'의 이미지와 중첩되어 묘사되고
있다. 탐정=형사=밀정이 되고 있는 것이다. 이와 같은 구도가 단지 민
족주의에 근거, 창작되었던 「겻쇠」 한 작품에만 한정된 특징은 아니었
다. 1920년 발표된 「혈가사」에서도 이는 동일하게 발견된다. 예를 들어
연인 이숙자의 무죄 증명을 위해서 권중식이 고용한 조선에서 가장 유
명한 탐정 정(鄭)탐정의 이력을 살펴보면 다음과 같다. 정탐정은 대구에
서 십여 년 간 순사 노릇을 하다가 작년에 사직한 인물로서 민간에서든
지 관청에서든지 복잡한 사건이 생기면 상당한 보수를 받고, 탐정 일을
하는 인물이다. 정탐정과 더불어 고용된 탐정 이선달 역시, 경시청에서
십여 년 간 근무하던 인물, 즉 형사의 전력을 지닌 인물이다. 말하자면
192・30년대 조선의 탐정문학에서의 탐정은 언제나 형사와 중첩되거
나, 그와 같은 전력을 지닌 사람으로서 묘사되고 있었던 것이다.

실제로 조선에 앞서 탐정제도, 혹은 탐정문학을 수용한 일본의 경우,
'형사순사의 제도'가 아직 없었던 명치 20년대(1887~1896)에 '探偵人'이

라든가 '探偵方'이라고 불려지는 자들이 경찰조직의 외연부에 있으면서 범죄 조사와 용의자 체포의 임무를 맡고 있었다.[28] 일본에서의 탐정이란 본질적으로 일종의 경찰조직의 일원으로서 등장하고 있었던 것이다. 물론 일본에서의 '탐정'의 성립 과정을 조선에 그대로 적용시킬 수는 없을 것이다. 그러나 형사를 사직한 후 '탐정'일을 시작, 때에 따라서는 상당한 보수를 받고 '관청'의 일을 맡아 '밀정'의 역할을 하기도 하는 「혈가사」의 정탐정의 면모는 이와 같은 '형사순사제도'의 변형, 혹은 그 보조로서의 '탐정'의 면모와 상당히 중첩되고 있는 것이다. 이는 밀정, 형사를 병행하다가 마침내 사건의 '탐정'으로 나서면서 순사, 밀정, 탐정의 면모를 동시에 가진 「겻쇠」의 손우건의 모습에서도 역시 동일하게 발견된다.

탐정=형사로 확정짓는 조선탐정문학의 태도가, 일견 서구적 탐정제도의 변형적 수용 및 조선대중문학의 미성숙함에서 발생된 것이라고 하더라도 '탐정문학' 자체의 특질에서 본다면 이는 오히려 '탐정'의 본질을 반영하고 있는 것이기도 하다. '법과 질서'를 지키는 "경찰이라는 권력의 측에 몸을 두고 …… 권력의 교묘한 대리인"으로서의 기능했던 이들 탐정의 면모는 그야말로 '탐정소설'의 본질적 특질을 정확하게 대변하고 있기 때문이다. "탐정소설 성립 배후에는 경찰사회, 경찰의 눈을 통해서 자기를 감시하는 자기 감시사회의 성립"[29]이 있다는 일본탐정소설 성립에 관한 일련의 언급은 이 점에서 주목할 만하다. 이에 근거할 때 「겻쇠」의 손우건이 처한 아이러니컬한 상황은 많은 의미를 함

---

28) 永井良和, 『密行者たちの街角』, 『探偵の社會史』 1, 世織書房, 2000年.

29) 高橋 修, 「近代日本文學の出發期と'探偵小說'」, 『探偵小說と日本近代』, 靑弓社, 2004, 103면.

축하고 있다. 항일단체 '상해의용단' 단장 박상범을 잡으러갔다가 도리어 그들에게 납치, 실종된 손우건에게 퍼부어진 일본 언론의 비난은 이 점에서 주목할 만하다.

> 그일이잇슨지 며칠후 상해의각신문지는물론 조선내지의 각신지와 멀니 일본의 신문지도 다투어 이사건을 보도하얏다. 그들은 직업덕경쟁으로 다각각 자긔사(社)의수완을보이기위하야 각방으로 탐뎡손우건이가 실종되든경로를 가장정확히 묘사보도한다고된소리 안된소리 함부로떠들어 독자로하여금현혹케하얏스며 거긔다가 여러 가지의최마억측(催摩臆測)까지 부치여 세성의풍설은 자못구구하얏다. 그리하야 심지어 일문지(日文紙)의엇던신문은 손우건이가 일본경찰에대한 모반심(謀叛心)을가지고 그들**단과미리련락을 취하야가지고 계획덕으로 경찰의긔밀서류를 훔처내기위하야 연극을꾸민것인데 어리석은 당국은 그계교에넘어간 것이니 종래조선사람운동의력사덕과거를비춰여보아도 대정팔년만세운동이 일어날때에도 아모것도모르는 농민 로동자층(層)을 선동한 것은 일본의교육을바든사람이반수이상이란것과 종래에 그운동이 생기기전에도 일본에와서 군인(軍人)을단기여 만혼신망을 밧든 리모(李某)도필경만주에건너가서 그운동에참례하얏고혹독하기 일본사람보다도 더하다고하야 유명할뿐더러 당국의만흔 신임을밧든 경찰계의요인 홍모(洪某)도 필경 그들을 련락하여 거사(擧事)하려다가발각된것을보다도 능히이번일을 짐작할수잇는것인데 그런데도불구하고또 손우건과갓튼자를 그다지신임하여 긔밀서류를맛긴 것은 론난할것업시 그상사(上司)된사람의 실수라하야 여지업시공박하얏다.[30]

손우건은 이처럼 자신이 충성을 다했던 일본 측으로부터는 모반을 계획한 배신자로서, 항일단체로부터는 악랄한 매국노로서 단정, 처단

---

30) 단정학, 「겻쇠」(十), 앞의 책, 1931. 3, 83면.

당할 위기에 처하게 된다. 일본 측에서 볼 때 손우건은 절대 신뢰할 수 없는 조선인이며, 항일단체 측에서 볼 때 손우건은 피정복자 일본과 동일시되고 있는 것이다. 조선인일수도, 일본인일수도 없는 상태, 극심한 자기정체성의 분열. 이것이야말로 손우건, 엄밀하게 말해서 식민지의 '탐정' 손우건이 처한 딜레마이다. 법과 질서의 수호라는 탐정 본연의 입장을 따르면 반민족주의자가 되어 버리고, 민족주의적 태도를 띠게 되면 법과 질서의 수호라는 본연의 임무에 배치되어 버리는 식민지 조선의 탐정 손우건의 이율배반적 상황. 손우건이 처한 이 딜레마는 왜 탐정문학이 식민지에서 성립되기 어려운가에 대한 설명이 될 수 있다. 순수 창작물인가에 대해서 의심받을 만큼 「겻쇠」가 탐정문학으로서 뛰어난 구성을 갖고 시작되었음에도 결국에는 장르를 알 수 없는 기묘한 작품으로 종결되는 것에는 이처럼 제국의 문학으로서의 '탐정문학'의 본질적 성향과 식민지적 삶 긴의 메워질 수 없는 간극이 위지하고 있었나.

## 5. 식민지의 탐정문학

과연 조선에서 '탐정문학'은 성립될 수 있었던가. 표면적으로 보자면 이에 대한 답은 상당히 긍정적이다. 1920년 탐정이 등장, 일종의 추리와 정탐을 통해서 범죄사건을 해결해 가는 「혈가사」의 등장을 시작으로, 1930년대가 되면 적지 않은 창작탐정물들이 등장한다. 그리고 1920년대 중반 창간된 『별건곤』이 기생일화, 통속적 연애담과 더불어 엽기적 범죄사건을 중심테마로 취함으로써 이들 탐정소설의 성립 및 대중 전파에 상당히 중요한 역할을 수행한다. 경성의 면모 역시 1930년대를 전후하면서 많은 사람들이 모여들면서 근대적 외양을 지닌 대도시로서의 풍모를 갖추게 된다. 1930년대를 전후한 조선은 '탐정소설' 성립에 필요한 외적 토대들이 구비되고, 이와 더불어 창작과 번역에서 다양한 탐정소설들이 등장한다.

그러나 '장편신소설'이란 제명을 취한 「혈가사」를 제외한다고 하더라도, 1930년대 발표된 일련의 '탐정소설'들 역시 실질적으로는 '탐정소설'의 제 특성을 발견하기 어렵다. 「겻쇠」를 비롯, 「사형수」 그리고 『별건곤』 소재 일련의 탐정소설들은 기묘하게도 언제나 사건의 발생과 해결만 존재할 뿐, '논리적 추론' 과정을 누락시키고 있는 것이다. 그 결과 이 시기 탐정소설들은 '야담', '괴기실화', '사건실화'와 별다른 변별력을 지니지 못하게 된다. 말하자면 '탐정소설'이라는 근대적 외형을 내용이 따라가지 못하고 있는 것이다. 범죄와 범죄를 행하는 인간의 어두운 내면이 '근대'적 세계의 한 징후로서 연결되기보다는 말 그대로 '괴기스러움'으로 귀결되어 버리는 1930년대 조선 탐정소설의 이와 같은 그로테스크한 상황은 대중문학의 성립 여부를 떠나 조선의 근대성 여부에 대한 판단의 근거가 될 수 있을 것이다.

# 일본탐정소설의 한국적 수용*

## 1. 마츠모토 세이초와 조선·한국

마츠모토 세이초의 작품 중에는 한국 조선을 취급한 작품이 많다. 그리고 그것은 세이초 자신이 시도한 다양한 테마와 시대에 걸쳐 있다. 고대사, 현대추리, 시대물, 사회소설 등의 세이초의 광대한 작업 대부분의 장르와 테마에 식민지조선과 한국은 중요한 키워드로서 빈번하게 등장하고 있는 것이다. 먼저 일본고대사에 관한 것으로서는 「고대사의 의문」(1966~67), 「고대에의 탐구」(1971~72), 「고대탐구」라고 개제)를 비롯해서 일본고대사와 도래인과의 관련을 논한 많은 좌담회가 있다. 또 근세

* 본 연구는 「松本清張の朝鮮と韓國における受容」라는 제명으로 『松本清張研究』(南富鎭, 鄭惠英, 北九州市立松本清張研究館, 2011)에 게재된 논문이다. 시즈오카 대학 남부진 교수와 공동연구로 진행된 이 논문을 주저자 남부진 교수의 양해를 얻어서 한국어로 번역하여 본서에 싣는다.

사와 근대사에 관해서는 문록(文祿)・경장(慶長)의 역(役, 임진왜란)에서 체포된 조선인 포로를 다룬 「히데요리[秀賴]의 도주」(1956), 문록(文祿)・경장(慶長)의 역(役)이 소재가 되고 있는 「염전(厭戰)」(1961), 이토오 히로부미의 조선에서의 활동을 묘사한 「통감」(1966), 조선인 무정부주의자를 다룬 「박열대역사건」(1964, 『소화사발굴』 수록), 조선의 좌익문학평론가 임화를 묘사한 「북의 시인」(1962~63) 등이 있다. 또한 조선에서의 군대체험을 추리소설풍으로 창작한 것으로 「백제의 풀」, 「주로[走路]」(1963, 『현란한 유리』), 「붉은제비뽑기」(1955), 「먼접근」(1971~72), 「그물[網]」(1975~76), 「임무」(1955), 「번창하는 메스」(1962) 등이 있다. 외에도 사회문제를 다룬 것으로서 미술계의 내막을 폭로한 「진안의 숲」(1958), 재일조선인의 범죄를 다룬 「닛코 추우구지[日光中宮祠] 사건」(1958)이 있으며, 조선전쟁(6・25)을 배경으로 한 「검은 바탕의 그림」(1958), 「모략 조선전쟁」(1960, 『일본의 검은 안개』 소재) 등이 있다.

세이초 문학에서 보여지는 식민지조선과 한국을 다룬 이들 작품들은 단순하게 세이초 문학의 폭넓음을 나타내는 증거로서 결론 내려질 수만은 없다. 이 작품들의 근저에는 세이초의 전쟁체험으로서의 조선체험이 존재하고 있고, 그것이 전후문학으로서의 세이쵸 문학의 큰 토대가 되고 있기 때문이다. 요컨대, 전후문학으로서의 세이초 문학의 근저에는 식민지조선체험이 존재하고 있다고 할 수 있다.

한편, 이러한 마츠모토 세이초의 작품은 한국에 있어서 폭넓게 수용되어 왔다. 방대한 양의 번역이 무작의적으로 행하여져 한국 독자들에게 소비되어 왔다 하겠다. 또한 한국추리소설에도 다대한 영향을 미치고 있다. 그것은 한국을 대표하는 추리소설가인 김성종과의 영향관계도 강하게 엿보인다. 이 글에서는 마츠모토 세이초의 조선 관련 작품을 통하여 세이초의 조선체험을 소개하는 동시에 한국에서 마츠모토 세이초가 어떻게 읽혀지고, 또 한국추리소설과 어떻게 관련되고 있는가를 소개한다.

## 2. 위생병의 조선체험

1944년 7월 마츠모토 세이초는 남방전선에 보내지게 되어서 잠시, 경성의 용산에 주둔하는데, 용산에서의 군대체험은 「반생의 기록」, 「염전(厭戰)」, 「그물(網)」, 「임무」, 「먼 접근」 등에서 제각기 묘사되고 있다. 세이초가 지낸 경성 용산은 러일전쟁 이후 일본의 식민지군사시설의 중심적인 지역이었다. 1904년 4월 러일전쟁의 후원부대가 조선주찰군사령부로 명칭 변경된 후 1918년 6월에 조선군사령부로서 재편성된다. 용산에는 1908년 이후, 군사령부와 위수병원, 그 예하부대가 상주하고 있었다. 1921년 이후 조선군은 2개 사단 체제로 나남의 제19사단과 용산의 제20사단(제78연대, 제17연대)가 편성되는데 이것이 전쟁말기가 되면 내지에서 증원부대와 조선인지원병들에 의해서 병력은 크게 늘어난다. 그러나 남방동원 계획은 좌초하고 그 대신 조선방위를 위해서 1945년 4월에 두 개의 병단이 조직된다. 제150사단(정읍, 통칭 '護朝')와 제160사단(이리, 통칭 '護鮮')이 그것이다. 세이초가 소속된 조선남부수비대의 제150사단은 정읍의 정읍농림학교(현재의 정읍정보고등학교)에 주둔하고 있었다. 사단장은 미시마기이치로[三島義一郎] 중장, 병력은 14,797명으로 위생반이 붙은 형태이다. 「붉은 제비뽑기」에서 보이는 '수조병단'(守朝兵

團)과 '비조병단'(備朝兵團), 「먼 접근」의 '호조사단'(護朝師團)과 '호선사단'
(護鮮師團)이라는 것은 제각각 제150사단과 제160사단이라고 생각되며,
「붉은 제비뽑기」에서 고창의 '농학교'에 주둔한 '제 몇천몇백몇십부대'
라는 것은 제150사단을 가리키고 있는 것으로 추측된다.

한편 몇 편의 세이초의 소설에서 작품배경이 되고 있는 농학교는 제
150사단이 위치해 있던 정읍농립학교(1910년 개교, 정주시 수성리 443번지)
이다. 시내 중심부에 위치한 농학교는 주위가 완만한 산으로 둘러싸인
약간 높은 언덕에 위치해서 주둔지로서는 최적의 장소에 있었다. 당시
중심가인 본정[本町](현재의 중앙통)에서 아주 가까운 거리로 학교 우측에
는 정읍신사(현재는 이순신기념공원으로 되어 있다)가 자리해 있고, 하천의 건
너편에는 망상봉(현재의 정읍사공원)을 정면으로 마주보고 있다. 그 정읍
에서 북으로 약 26키로 지점에는 「백제의 풀」, 「주로(走路)」의 배경이
되고 있는 백제 고찰 모악산금산사(母岳山金山寺)가 있다.

이처럼 마츠모토 세이초의 작품에는 위생병으로서의 전쟁체험, 나아
가서는 조선체험이 다양한 형태로 얽혀있다. 교육소집과 본소집, 조선
용산과 정읍등에서의 체험은 조선적인 원풍경 속에서 다양한 형태로
가공되어 작품에 산재해 있다. 한편, 이들 전쟁체험으로서의 조선체험
은 단순하게 과거의 것이 아니라 전후가 되어도 강렬한 형태로 계속 이
어져서 새로운 범죄(범죄소설)로 연결된다. 「그물(網)」, 「먼 접근」이 그렇
고, 「번창하는 메스」에서도 몇 십 년의 시간차를 두고 조선에서의 군대
체험이 사건에 영향을 미치고 있다. 이러한 세이초의 위생병으로서의
조선체험은 전후사회에 한층 확장되는 형태로 「검은 바탕의 그림」, 「존
엄」(1955), 「북의 시인」, 「일본의 검은 안개」를 거쳐, 미국의 영향과 조

선전쟁을 중심으로 하는 세이초의 전후 사관을 형성해가는 것이다. 본
론에서는 직접적으로 조선에서의 군대체험이 묘사되고 있는 작품만을
거론하지만, 그러한 체험이 내밀화되어, 사상화 되고, 파편으로서 나타
난 작품까지 포함히면 세이초의 조선에시의 위생병체험은 그의 방대한
작품 속에서 영향을 끼치고 있다. 복원병사와 의사를 다룬 많은 작품군
은 조선에서의 전쟁체험을 근저로 한 것이라고 할 수 있다.


## 3. 마츠모토 세이초의 한국에 있어서의 해석

마츠모토 세이초와 조선·한국과의 깊은 관련에도 불구하고 한국에
있어서 마츠모토 세이초에 관한 학술논문은 적다. 마츠모토 세이초 작
품이 한국에서 많이 번역된 것을 고려한다면 의외의 현상이다. 그것은
종래 힌국에시 추리소설은 대중문학으로서 취급되어 연구내상에서 세
외되어온 연구풍토와도 관련되어 있는 것으로 추정된다. 근년, 이러한
발상은 서서히 수정되고 있기는 하지만 아직 충분하다고는 할 수 없다.
그러한 연구풍토 속에서 쓰여진 몇 편의 연구논문을 소개한다.

한기련의 「마츠모토세이초추리소설의특징」[1]은 추리소설 일반의 역
사와 일본 추리소설을 소개하는 한편, 마츠모토 세이초 추리소설의 특
징과 의의를 논한 것이다. 먼저, 논자는 일본 추리소설의 시대구분을 3
기로 나누어 논한다. 제1기는 구로이와 루이코[黑巖淚香]을 필두로 하는
구미추리소설의 번안기이고, 제2기는 1923년부터 에도가와 란포가 활

---

1) 한기련, 「松本淸張추리소설의 특징」, 『일본연구』, 중앙대학일본연구소, 1992.

약하는 1950년대 중반까지이고, 제3기는 마츠모토 세이초의 「하리코미
(감시)」가 발표된 1955년부터 현재에 이르는 시기로 규정한다. 제1기에
서는 일본인에 의한 탐정소설의 창작이 존재하지 않으며, 일본에서의
탐정소설의 출발은 에도가와 란포가 활약한 제2기부터 시작한다고 한
다. 란포는 에드가 알란 포의 트릭소설에 큰 영향을 받았으나, 또 한편
으로는 사건의 동기를 중시하는 마츠모토 세이초의 추리소설이 일본에
서 뿌리내리는 토대가 되었다고 한다.

마츠모토 세이초에 관해서는 '일본에서는 추리소설 하면 마츠모토
세이초를 연상할 정도' 유명한 작가로 세이초의 작품은 이하와 같이 분
류된다고 지적한다.

1. 순수문학 : 「사이고사츠[西鄕札]」부터 「하리코미(감시)」까지 약 오
   십편
2. 역사물 : ① 고대사 「고대사의 수수께끼」 등
             ② 현대사 「소화사발굴」 등
3. 추리소설(장편) : 「점과 선」, 「제로의 초점」 등
4. 고발문학 : 「일본의 검은 안개」, 「현대관료론」 등
5. 그 외 : 「소설일본예담」, 「베이루트정보」 등

이상의 분류에서 알 수 있듯이 마츠모토 세이초는 추리소설뿐 아니
라 다방면에 활약한 작가라고 규정한다. 또한 마츠모토 세이초의 추리
소설의 특징은 '일상성을 강조하기 위해서 동기를 중시'했다고 하고 그
일례로서 「일 년반 기다려 주세요」와 「사이고사츠[西鄕札]」을 분석하고
있다. 그리고 결론으로서 마츠모토 세이초의 '추리소설이 지닌 의미는
흥미를 추구한 다른 추리소설작가와는 다르고 추리소설을 통해서 인간

의 본능적인 모습과 삶의 방식을 묘사하려고 한 것에 있다'고 평가하고 세이초의 작품을 순수소설로서 규정하고 있다. 요컨대 '여타 작가가 순수문학을 통해서 추구하려고 한 바를 그는 추리소설이라는 방법을 통해서 나타내었다'고 평가하고 있는 것이다. 논자의 이러한 평가는 한국에 있어서 순문학에 대한 우월의식이 그 이면에 투영되어 있다고 할 수 있다. 세이초의 추리소설을 단순한 추리소설이 아니고 높은 순문학성을 가진 것으로서 평가하고 있는 것은 이러한 한국에서의 평가판단 상황을 답습한 평가라고 할 수 있다.

다음으로 소개하는 것은 조정민의 「점령기억의 연속과 단절─마츠모토 세이초 「제로의 초점」의 경우」[2]이다. 본론은 「제로의 초점」을 논한 작품론이다. 먼저 논자는 「제로의 초점」은 전형적인 '사회파추리소설'이라고 규정한 후 이 작품에서 그려진 '단순한 범죄 동기야말로 세이초의 전후사회관, 전후사관을 집약한' 것이라고 단정한다. 또한 '세이초가 발표한 1950년대 후반 대부분의 작품에는 패전 후의 일본과 점령군인 미군과의 지배/피지배관계가 중요한 모티프가 되고 있으며 「제로의 초점」은 이러한 작품군의 선구'가 되는 작품으로, '세이초 작품 중에서도 가장 중요한 위치를 점한 작품이다'라고 규정하고 있다.

아울러 범죄에 관한 제 각각의 등장인물의 배후에는 미국점령체험에 있어서의 기억의 연속과 단절의 문제가 가로놓여 있는 것은 논증한다. 그것들은 단순히 상징적인 지배/피지배의 문제가 아니라 육체적인 피지배(매춘부)라는 상흔에서 생산된 것으로 등장인물들은 가명을 사용하면

---

2) 조정민, 「점령기억의 연속과 단절─松本淸張 「제로의 초점」의 경우」, 『아세아문화연구』 제23집, 2010.

서 그러한 과거의 기억과 단절을 꾀하려고 한다. 연속과 단절 간을 오고 간다. 등장인물의 이러한 비극적인 운명은 종국적으로는 미국점령정책이 초래한 것으로 점령기억은 '피점령하의 일본의 기억'이기도 하다고 지적한다. 이러한 미국 점령정책의 어두운 기억은 「검은 바탕의 그림」, 「소설 제국은행사건」, 「일본의 검은 안개」, 「금환식[金環食]」, 「심층해류」, 「창백한 예복」 등에도 보여진다. 그 점 「제로의 초점」은 세이초의 점령사관을 피력한 일련의 작품군을 준비하는 하나의 포석이고, 그 출발점이다라고 지적한다.

이승기의 「마츠모토 세이초 추리소설연구」[3]는 석사논문으로서 쓰여진 것으로 본론은 '세이초 추리문학의 특징'과 '작품의 내용과 특성'으로 나뉘어져 있다. 그리고 마츠모토 세이초 문학의 특징으로서는 '인간에 대한 흥미', '동기의 중시', '일상성의 강조', '폭넓은 소재', '지방색과 풍토성', '리얼한 문장'을 거론하고 개별작품을 예를 들어서 설명하고 있다. '작품의 내용과 특성'에 있어서는 단편과 장편으로 나누고 단편은 「검은 화집」, 「그림자의 車」, 「공범자」, 「눈(眼)의 기류」, 장편은 「점과 선」, 「눈(眼)의 벽」, 「제로의 초점」, 「나쁜 녀석들」, 「짐승의 길」, 「D의 복합」을 거론하고 있다. 그리고 결론으로서 마츠모토 세이초의 추리소설은 단순하게 수수께끼 풀기의 추리소설이 아니고 인간과 사회관찰의 리얼리티를 확보하는 것에서 문학적 요소를 획득했다고 한다.

이상은 세 개의 학술논문을 소개한 것으로, 한국에서의 마츠모토 세이초연구는 아직 충분하게 진행되고 있다고는 할 수 없다. 겨우 시작

---

3) 이승기, 「松本淸張추리소설연구」, 중앙대학교대학원석사논문, 1985.

시점에 서 있다고 할 수 있다. 그 원인은 순문학을 중시하는 기존의 연구풍토에 크게 유래한다. 그러나 연구논문이 몇 편 되지 않음에도 불구하고 후술하듯이 마츠모토 세이초는 한국에서 활발하게 읽히고, 수용되고 영향을 미치고 있는 것이다. 그 한 단면을 한국의 대중사회의 도래와 함께 나타난, '한국의 마츠모토 세이초'라고 불린 추리작가 김성종과의 관련에서 고찰해 보겠다.

## 4. 마츠모토 세이초와 김성종

한국근대문학은 전통적으로 소위 '순문학'(한국에서는 일반적으로 '순수문학'이라고 한다)이 존중되는 풍토 속에 있다. 그것은 주자학적인 문인적 전통에 영향되는 바가 강하며, 또 한편으로는 일본근대문학 수용 과정, 혹은 근대조선에 있어서의 근대적 토양(피식민지)에서도 유래한다. 7와 같은 풍토 속에서 대중문학으로서의 탐정소설과 추리소설의 방면에 있어서는 해방 전에는 김내성과 해방 후에는 김성종에 의해서 제 각각 대표된다고 말해도 좋다. 아울러 크게 분류하여 말하자면 김내성은 에도가와 란포의 제자로서 트릭을 중심적으로 다루는 탐정소설을 조선에 수입하였고 김성종은 마츠모토 세이초로 대표되는 일본사회파추리소설의 영향을 강하게 받고 있다고 말해도 좋다.

김내성의 탐정소설은 그 이후 계승되지 못하고 식민지기의 현실적인 조건과 유리된 형태로 자연소멸의 길을 걷는다. 탐정소설이 형성되는 제국적인 근대도시의 발달, 엑조티즘, 성숙한 근대적 개인의 확립이 충분히 동반되고 있지 않았던 것이 그 원인으로서 거론된다. 그리고 김내성과는 완전히 단절된 형태로 한국의 고도 성장기에 김성종이라는 추리소설가가 등장한다. 소화 30년기에 등장한 마츠모토 세이초의 경우와 상당히 유사하다.

　한국에서는 거의 소수의 추리작가론이라고 할 수 있는 백휴의 『김성종을 읽는다』에서는 「김성종VS마츠모토 세이초」라는 독립된 장을 열어서 두 사람의 문학을 논하고 있다.4) 먼저 논자는 두 작가의 연령의 차이, 활동시기의 차이 등을 지적하면서 김성종이 '한국의 마츠모토 세이초'라고 비유되는 것에 대해서 부정적인 견해를 나타낸다. 아울러 '김성종과 마츠모토 세이초를 단선적으로 비교하는 것은 큰 오해와 어리석은 결론을 어렵지 않게 이끌어낸다'고 우려를 나타내면서 두 작가의 차이를 '김성종은 묘사가 뛰어난 작가'이고 마츠모토 세이초는 '설명적 문체'와 '대화에 뛰어나다'고 언급하고 있다. 그리고 결론적으로 김성종의 추리소설에는 한국적인 시대상황이 예리하게 그려지고 있어 그 독자성과 의의가 높다고 주장한다. 그러나 백휴의 논법은 언어의 면밀한 정의와 구체적인 예시가 없이, 극히 단정적이고 또한 '단선적'으로 '비교'하는 것을 부정한다 주장하면서 한편으로는 마츠모토 세이초와 김성종을 '단선적으로 비교'하는 자기부정까지 노출시키고 있다. 거기에는 마츠모토 세이초에 대한 비교로부터 근거하는 영향관계를 배제하고자 하는 논자의 의도조차 느껴진다.

　선행론인 이건지의 「마츠모토 세이초와 김성종－일한전후탐정소설비교연구」5)에서도 거의 동일한 해석과 의도가 느껴진다. 이건지의 노고

---

4) 백휴, 『김성종을 읽는다』, 도서출판남도, 1999.
5) 李建志, 「松本淸張와 金聖鍾－日韓戰後探偵小說比較硏究」(『松本淸張硏究獎勵事業硏究報告』,

다. 번안행위에 의해 오히려 복잡한 파탄이 생기는 것이다. 원래 한국
과 일본은 지형이 달라서 사건구성에 무리가 생긴다. 예를 들면 센다이
와 하마마츠는 서로 동경의 반대방향에 있으나 부산과 수원은 같은 경
부선 상에 있다. 서울과 인천의 거리와 이미지는 동경과 요코하마의 그
것과는 상당히 다르다. 아울러 문화적인 요소로서 한국에서는 꽃꽂이
등은 성행하지 않고, 종가제도도 없어서 당연히 그것에 관련된 사람이
유명인이 되는 일도 없다. 또한 사건에서는 피해자의 신분을 숨기기 위
해서 범인은 정기권과 수첩을 숨기고 있지만 한국에서는 지문에 의해
서 신분이 곧 판명된다. 한국의 주민등록증에는 개인의 모든 지문이 찍
혀있어서 정기권과 수첩을 숨기는 것은 무의미하다. 요컨대 번안에 의
해서 추리소설이 파탄되고 있는 것이다. 마츠모토 세이초의 작품에 일
반적으로 보이는 경향이기도 한 것이지만, 「검은 밀림」에 있어서도 다
양한 장소의 이동과 열차시각 등이 트릭으로서 이용되고 있는데 그것
을 다른 나라에 적용하는 것은 어렵다.

　그렇다면 왜 이러한 번안이 이루어진 것일까. 작품이 번안된 1984년
의 김성종은 이미 한국에서 가장 유명하고 거의 유일의 추리소설가로
서의 지위를 굳히고 있었던 시기였다. 창작도 왕성하게 이루어졌다. 이
러한 시기에 마츠모토 세이초의 작품을 일부러 시대에 뒤늦은 번안소
설의 형식으로 소개한 것은 마츠모토 세이초에 대한 김성종의 깊은 감
정을 반영한 것은 아닐까. 마츠모토 세이초에 경도되어 영향을 받고 있
었던 것이 추측된다.

## 6. 마츠모토 세이초 작품의 한국에 있어서의 번역적 수용

마츠모토 세이초 문학의 한국에서의 수용을 논할 때에 불가결한 요소가 되는 것이 번역문제이다. 그러나 한일에 있어서는 이 이외에 큰 문제가 있다. 식민지기의 일본어교육, 혹은 자발적인 일본어의 습득에서 번역을 통하지 않고 원문을 그대로 읽을 수 있는 층이 폭넓게 존재하고 있기 때문이다. 상술한 김성종도 그러한 일례로서 마츠모토 세이초가 활약하기 시작하는 1950년대, 혹은 1960년대에는 일본과 거의 동시기적으로 세이초의 작품에 접한 일본어독자층이 한국에 상당히 존재하고 있었다고 말할 수 있다. 번역의 필요성은 없으며 일본어 쪽이 오히려 이해하기 쉽다고 하는 독자층이다. 당시의 독자층을 이룬 지식인층이 일반적으로 그러했다고 생각된다. 후에 한글세대가 증가해 감에 따라 번역의 필요성이 생겨나게 된다. 물론 반일정책, 1965년의 한일국교정상화(한일기본조약), 일본문화의 규제라는 정치적 조건도 여기에 깊게 연관되어 있어, 한국에서의 일본문학의 수용과 번역의 관계에는 큰 간극이 생기고 있다. 요컨대, '번역=수용'의 관계가 성립되지 않는 것이다. 원문(일본어)로 작품을 읽는 독자층을 상정하지 않으면 안 되는 것이다.

논자의 조사에 의하면 마츠모토 세이초의 작품이 최초로 한국에 번역된 것은 1961년의 「점과 선」, 같은 해의 「제로의 초점」이다. 그 후, 「어떤 「고쿠라일기」 전」(1963), 「일 년 반 기다려 주세요」(1963), 「파도의 탑」(1966)에 이어서 1970년대가 되면 상업적인 목적으로 한층 중복적인 번역이 왕성하게 행해진다. 이러한 경향은 1987년에 한국이 만국저작권조약에 가입하기까지 계속된다. 그 후 무작의적인 번역은 정리되어가

지만 현재에 이르기 까지 번역된 세이초의 작품 수는 57편 정도, 중복
출판을 포함한 번역까지 포함하면 85편을 넘는다. 상업적 목적으로 인
기작품이 중복 번역된 경향도 보이고 있으나 그 번역 작품 수는 미우라
아야코, 무라카미 하루키 등과 함께 한국에서 가장 많이 번역 소개된
작가의 한 사람이다. 요컨대 마츠모토 세이초의 작품이 한국에서 폭넓
게 수용되고 대량으로 소비되었다고 말할 수 있다. 그러나 마츠모토 세
이초의 작품이 무작의적으로 중복 번역되고 때로는 번안되고 게다가
제목도 원제를 크게 바꾼 작품이 많기 때문에 세이초의 원작과 번역 작
품의 대응관계는 아직 명확하게 밝혀지고 있지 않다. 그것을 분명하게
밝히는 작업은 금후의 큰 과제가 될 것이다. 마지막으로 대저(大著)라는
이름이 어울리는 선행 연구자료「일본문학번역60년 - 현황과 분석」8)의
조사 자료를 일부 정정하며, 또한 많은 부분을 보완하여 한국에서 번역
된 마츠모토 세이초의 작품목록을 첨부자료로서 붙여둔다.

마츠모토 세이초 한국번역 작품 목록

| 번호 | 제목 | 번역자 | 출판사 | 년도 |
|---|---|---|---|---|
| 1 | 점과 선 | 이문현 | 진문출판사 | 1961 |
| 2 | 제로의 초점 | 이규식 | 자유사 | 1961 |
| 3 | 어느 고꾸라 일기전('日本茶川賞小說集) | 이원수 | 신구문화사 | 1963 |
| 4 | 점과 선 | 이문현 | 홍익출판사 | 1963 |
| 5 | 일 년 반 기다려 주세요(일본단편문학전집5) | 표문태 | 신태양사 | 1965 |
| 6 | 파도의 탑(전2권) | 현운, 윤갑종 | 홍인문화사 | 1966 |
| 7 | 일 년 반 기다려주세요(『일본대표작가백인집』4) | 표문태 | 희망출판사 | 1966 |

---

8) 윤상인 외 2명, 『일본문학번역60년 - 현황과 분석』, 소명출판, 2008.

| 번호 | 제목 | 번역자 | 출판사 | 년도 |
|---|---|---|---|---|
| 8 | 점과 선 | 윤도원 | 제일문화사 | 1967 |
| 9 | 암흑대학(전2권) | 홍성유 | 삼경사 | 1968 |
| 10 | 정복되지 않은 처녀 | 이성교 | 예문관 | 1969 |
| 11 | 일 년 반 기다려주세요(『일본단편문학전집』5) | | 신태양사 | 1969 |
| 12 | 벌레 먹은 상아탑(『세계베스트셀러북스』4) | 홍성유, 정병조 | 삼경사 | 1970 |
| 13 | 어느 고꾸라 일기전('일본다천상소설집') | 이원수 | 삼경사 | 1971 |
| 14 | 암흑대학(전2권) | 홍성유 | 신구문화사 | 1973 |
| 15 | O의 초점 '점과 선, O의 초점' | 강용준 | 하서출판사 | 1974 |
| 16 | 공범자 | 이영조 | 풍림출판사 | 1974 |
| 17 | O의 초점 | 이영조 | 풍림출판사 | 1974 |
| 18 | 점과 선9『O의 초점 외1편』 | 강용준 | 하서출판사 | 1974 |
| 19 | 점과 선 | 이문현 | 홍익출판사 | 1974 |
| 20 | 살의의 단층 | 이영조 | 풍림출판사 | 1974 |
| 21 | 암흑대학(전2권) | 홍성유 | 신구문화사 | 1975 |
| 22 | 눈의 벽 | 이민재 | 풍림출판사 | 1975 |
| 23 | 점과 선 | 정종국 | 삼문당 | 1976 |
| 24 | 대남(전10권) | 문호 | 양우당 | 1976 |
| 25 | 대남(전10권) | 문호 | 삼한문화사 | 1976 |
| 26 | 고교생살인사건(『지소림추리문고』7) | 이규직 | 지소림문고사 | 1976 |
| 27 | 점과 선 | 권혁철 | 대진출판사 | 1976 |
| 28 | 공포의 사슬 | 권혁철 | 대진출판사 | 1976 |
| 29 | 점과 선(『지소림추리문고』10) | 신상철 | 지소림문고사 | 1976 |
| 30 | 동경특파원 | 이문헌 | 신원문화사 | 1977 |
| 31 | 모래그릇 | 강병희 | 하서출판사 | 1978 |
| 32 | 안개 속의 흰 얼굴(『풍림명작추리소설시리즈』18) | 이영조 | 풍림출판사 | 1979 |
| 33 | 함정(『풍림명작추리소설시리즈』31) | 이영조 | 풍림출판사 | 1979 |
| 34 | 점과 선(『풍림명작추리소설시리즈』33) | 이영조 | 풍림출판사 | 1979 |
| 35 | 점과 선 | 강용준 | 하서출판사 | 1980 |
| 36 | 고교생들의 추적 | 김갑수 | 남도 | 1980 |
| 37 | 어느 여행원의 수첩(전2권) | 이문희 | 태극출판사 | 1981 |

| 번호 | 제목 | 번역자 | 출판사 | 년도 |
|---|---|---|---|---|
| 38 | 10만분의 1의 우연 | 이영조 | 풍림출판사 | 1981 |
| 39 | 대승부(8-11)(전14권) | 홍성유 | 청조사 | 1981 |
| 40 | 허구대학 | 홍성유 | 청조사 | 1981 |
| 41 | 대남(전6권) | 문호 | 양우당 | 1982 |
| 42 | 특급살인사건(김휘문번안장편추리소설) | 김휘문 | 동아문예 | 1984 |
| 43 | 제3의 캠퍼스 | 이규식 | 진화당 | 1984 |
| 44 | 제5의 그림자 | 김욱 | 문교 | 1984 |
| 45 | 일격자 | 김욱 | 문교 | 1984 |
| 46 | 미인계의 함정 | 김휘문 | 동아문예 | 1984 |
| 47 | 패륜의 핏자국(송촌성-공저) | 하유상 | 한그루 | 1984 |
| 48 | 처녀지 살인계 | 김욱 | 문교 | 1984 |
| 49 | 호스티스의 정사 | 신신철 | 진화당 | 1984 |
| 50 | X점의 사람들(『세계걸작추리문학』6) | 김욱 | 금문당출판사 | 1984 |
| 51 | 안개 속 최후의 증인 | 김욱 | 문교 | 1984 |
| 52 | 눈의 벽 | 남정현 | 현음사 | 1985 |
| 53 | 검은수첩 | 이문희 | 태극출판사 | 1985 |
| 54 | 1.2.3의 살인사건 | 편충식 | 임마누엘 | 1985 |
| 55 | 나비성 | 정성호 | 성정출판사 | 1985 |
| 56 | 붉은 장미의 정사현장 | 편충식 | 임마누엘 | 1986 |
| 57 | 파도의 탑(전2권) | 정성호 | 성정출판사 | 1987 |
| 58 | 땅의 손가락 | 정성호 | 성정출판사 | 1987 |
| 59 | 해변의 정사 | 정종국 | 은광사 | 1987 |
| 60 | 소설동경제국대학 | 임헌영 | 까치 | 1987 |
| 61 | 아무도 대권을 잡지 못했다(전3권) | 김남환 | 청맥 | 1987 |
| 62 | 아내의 추적 | 김휘문 | 동아문예 | 1987 |
| 63 | 북의 시인 임화 | 김병걸 | 미래사 | 1987 |
| 64 | 어느 고꾸라 일기전('아꾸다가와상소설집') | 유문동 | 문예춘추사 | 1987 |
| 65 | 특종을 노리는 사회부 기자 | 남정현 | 성정 | 1988 |
| 66 | 증언 | 계간 추리문학 편집부 | 추리문학사 | 1988 |
| 67 | 음모의 손 | 조진수 | 세진출판사 | 1989 |
| 68 | 블랙유니버시티(전2권) | 이은식 | 서연 | 1992 |
| 69 | 유혹의 덫 | 정성호 | 성정출판사 | 1992 |

| 번호 | 제목 | 번역자 | 출판사 | 년도 |
|---|---|---|---|---|
| 70 | 북으로 간 시인 | 정수연 | 빛남 | 1992 |
| 71 | 사라진 선거참모(전2권) | 유유정 | 성훈출판사 | 1992 |
| 72 | 바다에 남긴 유언 | 남상현 | 예음 | 1993 |
| 73 | 적색등 | 김욱 | 안암문화사 | 1993 |
| 74 | 필사의 게임 | 이영조 | 풍림출판사 | 1994 |
| 75 | 일본여자관광특급(Rose tour) (전2권) | 김종석 | 삼한출판사 | 1995 |
| 76 | 점과 선 | 김종수 | 한국이람 | 1995 |
| 77 | 어느 고꾸라 일기전('아쿠다가와상수상작품선집') | 서병조 | 문예춘추사 | 1999 |
| 78 | 얼굴(『J미스터리걸작선』1) | 정태원 | 태동출판사 | 1999 |
| 79 | 점과선 | 강영길 | 동서문화사 | 2003 |
| 80 | 모래그릇 | 허문순 | 동서문화사 | 2004 |
| 81 | 너를 노린다 | 문호 | 동서문화사 | 2004 |
| 82 | 점과 선 | 정태원 | 태동출판사 | 2009 |
| 83 | 마쓰모토 세이초 걸작 단편 컬렉션 (상, 중, 하) | 미야베 미유키 책임편집, 이규원 옮김 | 북스피어 | 2009 |
| 84 | 검은화집(1, 2, 3) | 정태원 | 태동출판사 | 2009 |
| 85 | 점과 선 : 두 개의 점에 선을 긋다 | 정태원 | 태동출판사 | 2009 |

# 출 전


## 제1부 김내성이라는 식민지의 거울  ● ● ●

제1장 일본어와 조선어, 메워지지 않는 간극(발표제명 :「근대를 향한 왜곡된 시선」,『현대소설연구』31집, 한국현대소설학회, 2006.) *『식민지기문학과 근대성』(소명출판사, 2008, 재수록)

제2장 이국적 풍경으로서의 탐정문학(『마인』, 페이퍼하우스, 2009. 4.)

제3장 방첩소설 매국노와 식민지 탐정문학의 운명(『한국현대문학연구』24집, 한국현대문학회, 2008.) *『식민지기문학과 근대성』(소명출판사, 2008, 재수록)

제4장 제국과 식민지, 그리고 탐정문학(『한국현대문학연구』30집, 한국현대문학회, 2010.)

제5장 번역과 번안 간의 거리(『현대소설연구』44집, 한국현대소설학회, 2010.)

제6장 식민지 조선과 탐정소설이라는 환상(『한국현대문학연구』, 한국현대문학회, 2011.)


## 제2부 탐정소설의 환상과 현실  ● ● ●

제1장 과학과 엽기, 그 사이에서(『대동문화연구』72집, 성균관대학교대동문화연구소, 2010

제2장 소년탐정소설의 두 가지 존재양상(『한국현대문학연구』27집, 한국현대문학회, 2009.)

제3장 식민지와 탐정문학(『한국문학이론과비평』35집, 2007.) *『식민지기문학과 근대성』(소명출판사, 2008, 재수록)

제4장 일본탐정소설의 한국적 수용(발표제명 :「松本淸張の朝鮮と韓國における受容」,『松本淸張硏究』, 北九州市立松本淸張硏究館, 2011.)

부 록

## ▣ 김내성 작가연보

1909년    평양 대동군 월내리에서 소지주 김영한의 차남으로 출생
1919년    아버지 김영한 사망, 김내성은 다니던 한문 서당을 그만두고, 강남공립보통
         학교(1920)에 입학
1921년    집안의 요청에 따라 열 세 살의 나이로 다섯 살 연상의 여성과 결혼
1923년    강남공립보통학교에서 평양약송공립보통학교로 편입(1923), 졸업
1925년    평양공립고등보통학교에 입학. 김내성의 사 년 선배로 이석훈이, 삼 년 선배
         로 김남천과 김성민이, 그리고 이 년 후배로 김사량이 있었음. 영어를 담당
         한 일본인 교사 龍口直太郎으로부터 코난 도일을 비롯 에도가와 란포(江戶川
         亂步)의 작품에 대한 이야기들을 들으면서 탐정문학에 흥미를 지니게 됨. 학
         교 교우지 「대동강」의 편집위원으로 활동하면서 「전원의 황혼」이라는 작품
         을 발표하는가 하면 동인지 『서광』에 '파랑波浪'이라는 필명으로 동요, 시,
         소설을 발표함
1926년    모친 강신선 사망
1929년    아내와 이혼, 평양공립고등보통학교를 졸업(1930)
1931년    도일하여 와세다대학 제이고등학원독문과에 입학
1933년    와세다대학 법학부 독법학과에 진학
1935년    「타원형의 거울」이 일본탐정소설잡지 『프로필』에 「신인소개」 형식으로 게재
         되면서 탐정문학 작가로서 정식으로 문단에 데뷔
1936년    와세다 대학 독법학과를 졸업, 조선귀국. 김영순과 재혼. 연희전문학교 교수
         노동규의 주선으로 일본어로 발표했던 「탐정소설가의 살인」을 「가상범인」으
         로 改題, 『조선일보』(1938)에 연재
1938년    이은상의 알선으로 『조선일보』 출판부에 입사, 함대훈과 함께 『조광』(1938.
         12) 편집을 담당

1941년      『조광』 퇴사. 화신백화점 문방구 책임자로 근무

1944년      심장병의 발병으로 정양을 위해 함경남도 석왕사 부근으로 이주

1945년      서울로 귀경, 개벽사에 입사. 두 달 만에 퇴사

1957년      뇌일혈로 인해 49세의 나이로 급서


## ② 식민지기 발표된 작품목록

### 2-1. 소설

| 작품명 | 출전 | 발표일 | 비고 |
|---|---|---|---|
| 전원의 황혼 | 대동강<br>(평양공립고등보통학교 교우지) | 1925 | 평양공립고등보통학교 입학(1925) |
| 사랑의 비명 | 알 수 없음 | 1926 | 모친 강신선 사망(1926) |
| 楕圓形の鏡 | ふろびいる | 1935. 3. | 와세다대학 제이고등학원독문과 입학(1931). 동대학 독법학과입학 |
| 寄談戀文往來 | モダン日本 | 1935. 9 | |
| 探偵小說家の殺人 | ふろびいる | 1935. 12 | |
| 사상의 장미 | | 1936(창작)<br>작품확인 안됨 | 와세다대학독법과졸업. 조선귀국, 결혼.(1936) |
| 가상범인 | 조선일보 | 1937. 2. 13<br>~1937. 3. 21 | 장녀 출생(1937) |
| 백가면 | 소년 | 1937. 6~1938. 5 | |
| 광상시인 | 조광 | 1937. 9 | |
| 황금굴 | 동아일보 | 1937. 11. 1<br>~1937. 12. 31 | |
| 살인예술가 | 조광 | 1938. 3~5<br>(상, 중, 하, 3回 연재) | 『조광』 입사 |
| 백과 홍 | 사해공론 | 1938. 9<br>(1회로 연재 중단) | |
| 연문기담 | 조광 | 1938. 12 | |

| 작품명 | 출전 | 발표일 | 비고 |
|---|---|---|---|
| 마인 | 조선일보 | 1939. 2. 14<br>~10. 11 | |
| 무마 | 신세기 | 1939. 3 | |
| 이단자의 사랑 | 농업조선 | 1939. 3 | |
| 시유리 | 문장 임시증간 | 1939. 7 | |
| 백사도 | 농업조선 | 1939. 8~9<br>(전, 후편 2회 게재) | |
| 복수귀 | 농업조선 | 1940. 1 | 장남 출생(1940) |
| 제1석간 | 농업조선 | 1940. 5 | 장남 사망(1941) |
| 피도그림자후일담 | 농업조선 | 1940. 11.12합병호<br>(상편으로 연재중단) | 『조광』 퇴사.<br>화신백화점 입사(1941) |
| 태풍 | 매일신보 | 1942. 11. 21<br>~1943. 5. 2 | 차녀 출생 |
| 매국노 | 신시대 | 1943. 7<br>~1944. 4 | |
| 수놓은 송학 | 방송소설명작선 | 1943. 12. | |
| 어떤 여간첩 | 방소소설명작선 | 1943. 12. | |

## 2-2. 평론

| 작품명 | 출전 | 발표일 | 비고 |
|---|---|---|---|
| 探偵小說の 形式的要件と<br>實質的要件 | 月刊探偵 | 1936. 4 | |
| 탐정문학소론 | 문예강좌<br>방송강연 | 1938 | |
| 탐정소설수감 | 박문 | 1939. 9 | |
| 탐정소설론 | 신세기 | 1940. 4 | |

## 2-3. 수필 및 잡문

| 작품명 | 출전 | 발표일 | 비고 |
|---|---|---|---|
| 書けるか! | ふろぴいる | 1936. 1 | |
| 화가조각가의 모델좌담회 | 조광 | 1938. 6 | |
| 잊히지 않는 얼굴 | 아희생활 | 1938 | 확인 불가 |

| 작품명 | 출전 | 발표일 | 비고 |
|---|---|---|---|
| 악혼 | 조광타임스 | 1938 | 확인 불가 |
| 저금통장 | 조광타임스 | 1938 | 확인 불가 |
| 세계육극장가풍경기이<br>천초극장가 | 조광 | 1938. 6 | |
| 광인일기 | 조광 | 1939. 8 | |
| 文字의 환영 | 문장 | 1939. 10 | |
| 鐘路의 甲鐘 | モダン日本 | 1939. 11 | |
| 백가성 | 문장 | 1939. 12 | |
| 창백한 뇌수 | 문장 | 1940. 3 | |

## 2-4. 번역소설

| 작품명 | 출전 | 발표일 | 비고 |
|---|---|---|---|
| 심야의 공포 | 조광 | 1939.9 | |
| 괴암성 | 조광 | 1941. 1- 9 | 8월호 게재누락 |
| 백발연맹 | 광업조선 | 확인 안됨 | 확인 불가 |

# 찾아보기